OHSAMA BUNKO

面白すぎて時間を忘れる人間心理のふしぎ現象

内藤誼人

三笠書房

自分でも、よくわからないままに
とっている「おかしな行動」。

そんな**人間心理の**
「なぜ？」「どうして？」を
研究しているのが
心理学という学問なのです…。

はじめに

おかしな人間行動の「なぜ？」「どうして？」には名前がついています！

私たちは、自分自身のことなら、誰よりもよく知っていると思い込んでいます。

けれども、本当に自分のことを知っていると言えるでしょうか。

たしかに自分の身長や体重や視力などについては、正しくわかっているのかもしれませんが、それ以外のこととなると、意外に知らないものです。

私たちは、自分でもよくわからないままに、ある特定の人を好きになったり、よくわからない理由で何かを買ったり、よくわからないものに注意を向けたり、よくわからない理由で行動したりしてしまうことが少なくありません。

たとえば、サッカーのゴールキーパー。キーパーは、PK（ペナルティ・キック＝キッカーは、キーパーと一対一で対峙《たいじ》した状態でボールを蹴《け》る）のときに、左右のどちらかにジャンプして、シュートを止めようとします。

そのまま動かず、真ん中にいたほうがシュートを止められる確率は高いんだよ、と教えてもらったキーパーでさえ、やはり左右のどちらかに跳ぼうとするのです。

これは、どうしてでしょうか？（答えをすぐに知りたい人は、**「アクション・バイアス」**の項目を読んでください）

あるいは、クリスマスツリーのような円錐《えんすい》形の木と、丸っぽい木と、アフリカのサバンナでよく見られる天蓋《てんがい》のあるような形の木を見せて、どれが一番好きかを尋ねると、たいていの人は、天蓋のある木を選びます。

みなさんもたぶん、天蓋のある木を選びます。これは、どうしてなのでしょ

うか？（やはり答えをすぐに知りたい人は、**「サバンナ仮説」**の項目をお読みください）

恋人や家族や親友にはとても話せないようなヒミツも、なぜかたまたまバーで隣り合わせになった知らない人になら、簡単に打ち明けられることがあります。

なぜ、そんなことが起きるのでしょうか？（答えを知りたい人は……、この本のどこかに解説してあるので探してみてください）

私たちは、自分でもよくわからないままにおかしな行動をとっていることが少なくないのですが、こうした「なぜ？」「どうして？」を研究するのが、心理学という学問。

「壁のシミや、雲の陰影《いんえい》が、人の顔に見えてしまうのは、なぜ？」
「呪《のろ》いで、本当に人が死んでしまうのは、なぜ？」

「新しい服を買ったら、ついでに髪型まで変えたくなってしまうのは、なぜ？」
「人に話しかけられると、ほぼ反射的に、〝右耳〟を向けてしまうのは、なぜ？」

心理学者は、こうした「なぜ？」について、科学的な研究を行なってきました。

本書は、そうした**人間心理のふしぎ現象についてご紹介**していくものです。分析とともに「へぇ、これは知らなかったなあ……」と、読者のみなさんもびっくりするような研究を厳選して収録しているので、最後まで面白く読めるのではないかと思います。

どうか最後までよろしくお付き合いください。

内藤誼人

もくじ

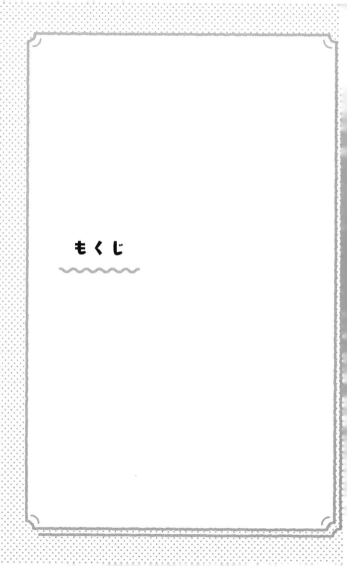

1章 その「心の働き」には、理由があります
――つい、誰かに話したくなる！

2章 誰もが経験済みの「あの感覚」の正体！

——実は、ちゃんとしたメカニズムがある！

3章

対人関係の「あるある」を大分析！

——その現象、心理学でバッチリ説明できます

4章 心の強さは、どこから生まれるか
――不安・プレッシャーは力に変えられる

5章

心理現象を知れば頭までよくなる？
――モチベーションを左右しているもの

6章 行動・判断の裏に隠された心理
――知っている・知らないの差は大きい！

本文イラストレーション　谷端　実

1章

その「心の働き」には、理由があります

——つい、誰かに話したくなる！

壁や天井のシミが「人の顔」に見える！

それって **パレイドリア現象**

私たちは、人間の「顔」に特別な注意を向けます。写真を見るとき、人が写っていれば、まず人を見るものです。背景に目を向ける人はあまりいません。映画でもテレビでも絵画でもそうです。人物がいれば、真っ先にそちらに視線が向きます。

「まず人に目を向ける」という心の働きが相当に強いあまり、ときには誤作動を起こすことがあります。**人などどこにもいないのに、「人がいる」と認識してしまうことがある**のです。これを**「パレイドリア現象」**と呼びます。

「あっ、雲が女の子に見える！」

「壁のシミが泣いている人に見える！」

こういう経験は誰にもあるものですが、心霊現象でも何でもありません。単なるパレイドリア現象です。

パレイドリア現象は、視覚的なものだけでなく、聴覚的なものにも起こります。エアコンや冷蔵庫の「う〜、う〜」というファンの音が人のうめき声に聞こえてしまったとしても、やはり心霊現象ではありません。パレイドリア現象です。

赤ちゃんがあなたの顔をジッと見るワケ

シドニー大学のコーネリア・カウフマンによると、どうも**パレイドリア現象は、生まれつきのものの**らしいのです。何しろ、生まれたばかりの赤ちゃんでさえ、人の顔、あるいは人の顔のように見える図形を、他のものより長く凝視しようとするようですから。

私たちは、人の顔に特別な注意を向けるように進化してきたのかもしれません。そのほうが生き延びられる可能性が高かったのでしょう。

また、カウフマンは、テレビのノイズ画面を「人の顔や文字が隠されています」とウソをついてから見せると、三四％の人が人の顔を認めた、という研究も報告しています。**何も映っていないのに三割の人には顔が見えた**というのですから、かなりの高確率です。

天井をジッと見つめていて、もしシミが人の顔に見えてしまっても、怯《おび》える必要はありません。これは、正常な人にも起きる、ごくごく普通の心の働きですから、何の心配もいらないのです。

なお、パレイドリア現象は、精神病的な幻覚とはちょっと違います。

幻覚のほうは、まったく何もないところに人の顔が見えたりする現象ですので、木の幹や雲を見ていて人の顔に見えるのとは質的に違うわけです。

何もない空中に人が見える（幻視《げんし》）場合や、何の音もしないのに人の話し声が聞こえる（幻聴《げんちょう》）場合は、医師に診《み》てもらう必要がありますが、そうでなければ、まず心配はいりません。

巨石や巨木に、なぜ神秘パワーを感じる？

それって **アニミズム**

日本人は、昔から、草木を含めてあらゆるものに霊が宿っていると考えてきました。**日本のあちこちで、岩や石、巨木などが神様として祀《まつ》られている**ことからも、それはわかります。こういう考え方のことを、**「アニミズム」**といいます。日本語では、**汎《はん》霊説《れいせつ》**と訳されることもあります。

石など、単なる無機物だと言ってしまえばそれまでですが、日本人にとっては「生きている」存在。いや、日本人だけでなく、どうも世界中でこうしたアニミズム信仰が見られるようなので、特におかしな考え方でもないのかもしれません。

アニミズムは、古臭い考え方であって、合理的な現代人はこういう考え方をしないのかというと、それも違います。

たとえば、自分の自動車やバイクを、まるで人間のように扱っている人がいますよね。愛車に名前をつけている人もいるでしょう。これも立派なアニミズムです。

職人さんなどにとっては、自分が使っている道具や工具も「生きた存在」です。

「ちょっと今日はご機嫌ななめみたいだな」

などと工具に向かってぶつぶつと話しかけたりする職人さんもいるようで、そういう人にとっては、その道具は単なる道具以上の存在なのでしょう。これもやはりアニミズムといえるでしょう。

寂しいと、ついペットに話しかけてしまうのは……

ペットに心や感情があると思うのも、アニミズムです。

「私のワンちゃんは、私の考えていることが全部わかっている」と信じている人もいるかもしれません。常識的に考えれば、犬は人間の言語を理解できるわけがないのですが、それでも本人は理解できていると思っています。

シカゴ大学のニコラス・エプリーは、どういう人が物質や動物に人間と同じような心を見出すのかを研究し、**「寂しい人ほどアニミズム思考をとる」**という結論を導いています。

物質や動物に話しかけることの多い人は、ひょっとすると寂しがり屋なのかもしれない、ということがいえるわけです。

もちろん、大きな岩やワンちゃんに話しかけているからといって、特におかしな人というわけでもありません。私たちの誰にでも、そういうところが少しはあるものですから。

どうして「若い頃のこと」ばかり語りたくなる？

それって　想起の隆起

死ぬ間際《まぎわ》に、人は走馬灯《そうまとう》のように自分の人生を振り返るといわれています。

これが本当のことなのかどうかはわかりませんが、かりに思い出すのだとしたら、その内容は、自分にとって強く印象に残っていることや、転機となったことに集中するのではないかと思われます。

生まれてから死ぬ直前のことまでを、一様に思い出すわけではないでしょう。

私たちは、自分にとって「どうでもいいこと」はどんどん忘れていくのです。

これを「記憶の忘却作用《ぼうきゃくさよう》」といいます。

私たちがしっかりと記憶していくことは、自分にとって意味のあることだけ。意味のないことは、数日もすればすっかり忘れてしまいます。

というわけで、かりに走馬灯のように自分の人生を思い出すのだとしたら、それは十代から三十代の出来事ばかりになるだろう、と心理学的には予想できます。

なぜなら、十代から三十代には、受験、進学、就職、結婚、出産など、本人にとってものすごく重大なイベントが目白押しだから。こういう記憶は、本人にとってものすごく意味があるので、忘れたくとも忘れられません。

「あのとき、もっと○○していればなあ」の心理

実際、昔のことを思い出してもらうと、たいていの人が十代から三十代の出来事を集中的に思い出します。

これを心理学的には、**「想起の隆起《りゅうき》」（レミニセンス・バンプ）**と呼びます。

イギリスにあるリーズ大学のクレア・ラスボーンは、多くの人たち（平均年齢五十四・六歳）に、「自分にとって最も意味のある出来事」について自由に思い出しても

らいましたが、やはり十代から三十代の出来事に集中していました。

七十代になっても、八十代になっても、九十代になっても、おそらくよく思い出すのは、六十八歳とか五十四歳だった頃の自分ではなく、もっと若い頃の自分なのではないかと思われます。

現在、十代から三十代の間にいる読者は、どうか後悔しないような人生を送ってください。

この時期に起きることは、**一つひとつが自分の人生を左右するほどに重大なイベントばかり**ですから、一切手を抜いてはいけません。

「あのとき、もっと○○していればなあ……」などと思い出して、悔しい気持ちを味わい続けるのは、誰でもイヤですよね。

ですから、三十代までは後悔しない人生を送ることがとても重要なのです。

大自然ドキュメンタリーを見ると心地よくなる理由

それって　**サバンナ仮説**

アフリカの大自然のドキュメンタリー番組を見ていると、なぜか心地よさを感じるという人は少なくないのではないかと思います。

読者のみなさんは、**アフリカのドキュメンタリー番組を見て、「どうして私はこの風景が好きなんだろう?」**と思ったりしたことはありませんか?　実を言うと、そう思うのはみなさんだけでなく、世界中の人がそうなのですよ。

ワシントン大学の生物学者ゴードン・オーリアンズは、いろいろな国の子どもたちにさまざまな風景の写真を見せて好みを尋ねると、なぜかアフリカのサバンナの写真が一番好まれることに興味を持ちました。

オーリアンズによると、サバンナの風景が好まれる理由は、人類がその歴史の大半の時間をサバンナで過ごしてきたから。一万年ほど前から、人類は世界の各地に移動して生活を始めましたが、もとはというとサバンナが人類にとっての生まれ故郷。だからサバンナの風景が好まれるのだろうというのです。

ただし、これはオーリアンズの仮説にすぎません。そのため、サバンナの風景が好まれることは**「サバンナ仮説」**と呼ばれています。

なぜ「日立の樹」を好きになってしまう？

ワシントン州立大学のヴァージニア・ローアは、もしサバンナ仮説が正しいとするなら、サバンナでよく見られるような天蓋のあるような形をした木も、他の形の木よりも好まれるのではないかと考えました。

そこで、円錐の形をした木、丸っぽく刈《か》り込まれた木、天蓋のような形の木の、三つの写真を用意し、二〇六名の大学生にそれぞれの好ましさを五点満点で評価してもらったのです。

すると、それぞれの平均点は、円錐の形をした木は二・七一点、丸っぽく刈り込まれた木は二・七点、そして天蓋のような形の木は二・九三点でした。

やはり**サバンナでよく見られる木のほうが、クリスマスツリーのような形の木よりも好まれる**みたいですね。

もちろん、この研究一つでサバンナ仮説が正しいと断言することはできませんが、サバンナ仮説は、「ある程度は正しい」と見なしてよいだろうと思います。

「この木なんの木」という楽曲とともに大きく枝を広げた木が映し出される、おなじみの日立製作所をはじめとする日立グループのテレビＣＭが大好きな人は多いと思うのですが（私も昔から好きです）、その理由はサバンナ仮説で説明できそうですね。

「この風景、見たことあるぞ」は前世の記憶!?
それって デジャブ

「あれれ、なんだかこの風景に見覚えがあるような気がするぞ」

「ヘンだな、以前にこの場所に来たような気がする……」

こういう感情のことを**「デジャブ」（既視感《きしかん》）**といいます。初めて訪れたはずなのにそういう感じがするのは、とても奇妙に思えます。ひょっとすると、前世でこの場所に来たことがあったりするのでしょうか。

いいえ、わざわざ前世の記憶など持ち出さなくとも、デジャブは説明できます。

私たちの記憶は、コンピュータとは違ってものすごくアバウトにできているので、**似たような風景を見ると、記憶が誤作動を起こす**のです。そのため、初めての場所であっても訪れたことがあるように思えてしまうのです。デジャブは「記憶の錯誤《さくご》」（記憶違い）にすぎません。

次の三つの画像を見ていただけますか。これらはインターネットで「駅前の風景」で検索して出てきたものから、適当に選んだものです。

「あれあれ、なんだかどれもこれも行ったことがあるような気がするな」と思いませんか。ちなみにこの画像は、上から順番に、岡山駅前、松戸《まつど》駅前、渋谷駅前です。

駅前の街並みは、日本のどこでも似ているのが当たり前なので、こういうときに私たちは記憶違いを起こすのです。

ストレスを感じている人、高学歴の人ほど経験しやすい

デジャブ現象は珍しくもなんともありません。アメリカにあるサザン・メソジスト大学のアラン・ブラウンの調査では、約六〇％の人がデジャブを経験しています。デジャブにとらわれるのは、たいていストレスや疲労の大きいときです。また、**地位の高い人や、高学歴の人**もとらわれやすい、という面白い特徴もあります。

もしデジャブが起きても、心配はいりません。ごくごくありふれた心理現象なので、少しも恐れることはないのです。

どうして「人は見た目が九割」なの？

それって **視覚の優位性**

私たちには、聴覚、触覚、嗅覚《きゅうかく》、味覚、視覚という五つの感覚が備わっています。

これらの感覚は、それぞれに大切であることは言うまでもありませんが、**大部分の情報は「視覚」から入ってきます**。これを**「視覚の優位性」**といいます。


ちょっとした思考実験をやってみましょう。

もし五つの感覚のうち、どれか一つを残して、残りはすべて失わなければならないとしたら、読者のみなさんは、どの感覚を選ぶでしょうか。

おそらく、最後まで残したいと思うのは視覚ではないでしょうか。

もしそう思うのだとしたら、やはり視覚の優位性が見られたことになります。

大人ほど「見た目」にだまされやすくなる!?

ちなみに、**視覚の優位性は、年齢とともに大きくなってくる**こともわかっています。

オハイオ州立大学のウラジミール・スロウツキは、コンピュータ上に映し出された写真や音の刺激にどれほど反応するか、四歳児と大学生のデータを比較してみました。

すると、四歳児では、写真に反応する割合が一五・三八％、音の刺激に反応する割合が五三・八三％と聴覚が優位であったのに対し、大学生では、写真に反応する割合が一〇〇％でした。

幼い子どもは、音のほうを重要視するようです。ところがある程度の年齢になってくると、視覚のほうを重視するようになるのです。大人になると、もうたいていの人は「視覚人間」になっていると考えてよいでしょう。

「百聞は一見に如《し》かず」という言葉があります。同じことを百回聞いても、なかなかその内容を理解できませんが、目で見れば一発で理解できます。これもやはり視覚の優位性によるといえるでしょう。

アメリカにあるロバート・モリス大学のジル・マーハーは、サンキストの飲料水のテレビCMを見せた場合と、音だけを聞かせた場合では、テレビCMを見せたときのほうが商品のことをよく記憶する、という研究報告をしています。音で聞いたものより、映像で見たもののほうが頭に残りやすいのです。

「右利き」が多いのにはワケがあります

それって　**サイド・バイアス**

あなたは右利《き》きですか？　それとも左利きでしょうか。たいていの人は右手が利き手でしょう。

利き手という言葉はよく使いますが、それでは、利き足はどうでしょう。あまり聞いたことがないかもしれませんが、足に関しても、たいていの人は右が利き足です。右足と左足でボールを蹴ってもらえればわかりますが、右足のほうが強く蹴ることができるのです。

では、耳はどうでしょう。やはり利き耳は、右の人が多いのです。

手、足、耳など二つずつある器官については、なぜか右側の優位性が見られます。

これを「**サイド・バイアス**」と呼びます。

「人の話」は右耳で、「音楽」は左耳で聞いている？

利き耳に関して、いくつか面白い研究をご紹介しましょう。

イタリアのアブルッツォ州にあるダンヌンツィオ大学のダニエル・マルゾリは、さまざまな場所で、しゃべっている人を見かけるたび、どちらの耳を相手のほうに向けて聞いているのかをこっそりと観察してみました。

百四十三組のおしゃべりの様子を分析したところ、右耳を相手に向けているのが百三組で、左耳を向けているのが四十組でした。明らかに右耳の優位性が見られたわけです。

人の話を聞くときには、できるだけしっかりと聞き取らなければなりません。そうしないと会話が成立しませんから。そのため、私たちは、自分の利き耳である右耳のほうを、自然と相手に向けようとするのでしょう。

単なる観察だけでなく、もう少しきちんとした実験もマルゾリは行なっています。

とても騒《さわ》がしいディスコで、実験者が他のお客に近づいて「タバコ持っていますか？」と話しかけるのです。このとき、どちらの耳を向けようとするかを調べたところ、右耳を向けようとした人が五八％で、左耳を向けようとした人は四二％でした。

なお、人の話を聞こうとするときには右耳の優位性が見られますが、**音楽を楽しんだり、自然の音を堪能《たんのう》したりするときには、左耳の優位性が見られる**という報告もあります。これは、サウジアラビアにあるキング・アブドゥルアルイーズ大学のアブドゥル・アルザラニの報告です。

普段、私たちは何気なく耳を使っているわけですが、詳しく見てみると、うまく右耳と左耳を使い分けているみたいですよ。

「あのタレント、名前何だっけ？」の構造

それって　意地悪なお姉さん効果

テレビを見ていると、

「このタレント、顔は覚えているんだけど、名前が出てこないよ～」

ということはよくあります。**のど元まで出かかっているのに、肝心な名前が出てこない**ので、非常にもどかしい思いをします。

この現象は、**「意地悪《いじわる》なお姉さん効果」（アグリー・シスター効果）**という名前がつけられています。この場合の意地悪なお姉さんとは、シンデレラのおとぎ話に出てくるお姉さんのこと。

シンデレラのお姉さんたちは、シンデレラと王子様がうまくいくことを徹底的に邪

魔しようとしますが、私たちが思い出したい言葉を思い出せないのは、頭の中で意地悪なお姉さんに邪魔されているようなものだと考えて、このような名前がつけられたのです。

もっとわかりやすく、**「舌先現象《したさき》」**と呼ばれることもあります。日本語では、「のど元まで出かかっている」と表現しますが、英語では「舌の先まで出かかっている」と表現するので、舌先現象と呼ぶのです。

日本語に忠実に訳せば「のど元現象」のほうが適当だと思いますが、一応は舌先現象のままにしておきます。

「もどかしさ」を三十分ガマンすればいい

アメリカにあるサザン・メソジスト大学のアラン・ブラウンは、舌先現象について調べた研究を徹底的に集めて、それらを総合して次のような結果を得ています。

①一週間に一度くらいの頻度《ひんど》で起きる

② 年齢とともに増加する
③ しばしば人名に関して起きる
④ 最初の文字だけがわかることが多い
⑤ しばしば、思い出したい言葉に関連した言葉が同時に思い浮かぶ
⑥ 三十分くらいで正しい言葉がわかることが多い

思い出せないのはもどかしいものですが、**通常は三十分ほどで思い出せる**ようです。思い出せないときにはムリに思い出そうとせず、他のことをしながら三十分くらい待ってみてください。

「プチ催眠術」は誰でもかけられる？

それって　コーンスタム現象

私は催眠術《さいみん》師ではありませんが、みなさんの腕を催眠術で浮き上がらせることができます。まず、あることをしてもらってから、「ほら、だんだん腕が上がっていきますよ」と声をかければ、本当にみなさんの腕が上がってくるのです。

ただし、これは私だけができるのではなく、みなさんもできます。

その手順をご説明しましょう。

まず催眠術をかけたい相手に、両腕をぴったりと身体の側面につけてもらいます。

その両腕を押さえつけながら、「外側に広げようとしてください」と言うのです。相手は腕を広げようとするでしょうが、広げられないように、こちらも力を込めて押さえつけます。時間でいうと三十秒くらいでしょうか。

それから押さえるのをやめて、「さあ、腕が浮き上がりますよ」と声をかけると、腕が軽くなったように感じて、**相手の腕は自然に浮き上がってしまう**のです。

自分一人でも、この現象を体験することはできます。

そのときには、壁などに自分の片方の腕を強く押しつけてください。三十秒くらい押しつけてから腕を壁から離せば、やはり腕が浮き上がってくるのです。

「暗示」をかける前のウォーミングアップ

この現象は、ドイツのオスカー・コーンスタムという医師によって発見されたので**「コーンスタム現象」**と呼ばれています。**「フローティング・アーム現象」**と呼ぶこともあります。

ロンドン大学のジャック・ド・アバスによると、**この現象はほとんどの人に起きる**

（七五％の人に起きるという報告もある）ということですので、催眠術師になったつもりで、他の人の腕を浮き上がらせてみてください。かなりの高確率で成功すると思いますよ。

ちなみに催眠術師は、こういう誰にでも起きる現象をまず体験させて自分を信用させ、それからもっと難しい暗示をかけていきます。

一度でも腕が浮かぶことを体験した人は、その他の暗示にもかかりやすくなるので、それを利用するのです。

これが一般的な催眠術のやり方です。

「この株で大儲けできそう」と思ってしまう心理

それって **ホーム・バイアス**

投資家は、外国の企業の株よりも、なぜか自国の企業の株の売り買いを好みます。

これを**「ホーム・バイアス」**といいます。

なぜホーム・バイアスが起きるのかというと、外国の企業より、自国の企業を応援したいという愛国心のようなものもあるかもしれませんが、それよりも大きな理由は、**自国の企業のほうが「詳しく知っている」という思い込み**のため。

日本人の投資家は、決算書をきちんと調べたわけではないのに、トヨタやソニーやパナソニックといった企業の情報を詳しく知っていると思い込んでいます。

こういう思い込みがあるので、自国の企業なら自信を持って株の売り買いができるのです。

もちろん、きちんと調べて売り買いをしているわけではないので、簡単に「株で大儲《もう》けする」というわけには、なかなかいかないようですが。

「なんとなく知っているつもり」が痛い目につながる

ホーム・バイアスは、どの国の投資家にも普通に見られます。

シカゴ大学のケネス・フレンチは、日本人投資家の九八%、アメリカ人投資家の九四%、イギリス人投資家の八二%が、自国の企業の株の売り買いをしている、と報告しています。

日本人投資家は、ほぼ一〇〇%と言ってよいくらい、自国の企業の株しか売り買いしていませんが、アメリカ人投資家もイギリス人投資家も、五十歩百歩といったところでしょう。どの国の投資家も、**ほとんど自国の企業にしか株式投資をしていないよう**です。

私たちは、「自分の国のことなら、外国の人よりも詳しく知っているはずだ」となんとなく思い込んでいるわけです。

もちろん、一面では正しいでしょう。

でも、次の項目でもお話ししますが、「なんとなくわかっているつもり」「なんとなく知っているつもり」でも、本当はよくわかっていない、というのはよくあることなのです。

したがって、株式投資をするときには、日本の企業だからといって「思いつき」で投資するのではなく、企業の情報をしっかりと精査してから、お金を投じてくださいね。

痛い思いをしてからでは遅いのです。

「毎日、見ているのに気づかない」心の働き

それって　非注意性盲目

普段、**よく目にするものでも、きちんと覚えているかというと、そうではないこと**が研究によって明らかにされています。

これは**「非注意性盲目《もうもく》」**と呼ばれる現象です。

カリフォルニア大学ロサンゼルス校のアラン・カステルは、大学のスタッフ五十五名に、自分が働いている場所から、最も近いところにある消火器はどこにあるかを尋ねてみました。

言うまでもなく、消火器は真っ赤な色をしていて、ものすごく目立ちます。目立たないと、いざというときに気づいてもらえませんからね。それに消火器は、たいてい

どの建物にも置かれているものです。

ところが、場所を正しく思い出せたのは、五十五人中十三人（約二四％）。何年も同じ職場に通っているスタッフでも、意外に思い出せないことがわかりました。四分の三のスタッフは正しく覚えていなかったのです。

「きちんと覚えよう」と思わないと記憶はスルー

みなさんにも、同じような経験があるのではないでしょうか。毎日通勤のときに歩いている通りで、ある日ふと**「へぇ、こんなお店があったんだ」**と気づくことはありませんか。

毎日歩いているのだから、その通りにあるお店については何でも知っているように思っていても、正確には覚えていない、ということはよくあります。それが非注意性盲目です。

きちんと覚えようとしていないこと、あまり注意を向けていない対象は、「存在しない」のと同じように扱われてしまうのです。

非注意性盲目を自分でテストすることもできます。

不要な紙や、新聞の広告（裏が白のもの）を用意して、そこに百円玉を描いてみるのです。

普段は電子マネーを使っている人でも、さすがに百円玉を一度も目にしたことがないということはないと思います。記憶を頼りに、できるだけ正確に百円玉にある絵柄を描いてみましょう。

やってみるとわかりますが、まず正しく描けません。百円玉の絵柄をきちんと覚えようという人は滅多にいませんので、描けないのです。

「知っているようで、意外に知らないものだなあ……」ということを体感できると思いますので、ゲームのような感じで試してみるのも面白いですよ。

「ひっかけ問題」にひっかかってしまうワケ

それって　モーゼの錯覚

読者のみなさんに、一つ質問です。

「モーゼは、方舟《はこぶね》にそれぞれの動物を何匹ずつ乗せたでしょうか？」


きちんと答えを頭に思い浮かべてから、先を読み進めてくださいね。

おそらく、ほとんどの人は、

「そんなの、答えは『二』に決まっているじゃないか」

と思ったのではないかと思います。

ですが、「二」は間違い。正解は「ゼロ」ですから。

もう一度、問題文をよく見てください。

わかりましたか？

そう、方舟に動物を乗せたのは「モーゼ」ではなく、「ノア」なのです。モーゼもノアも、どちらも『旧約聖書』に出てくる人物ですし、どちらも「水」に関係した物語に登場するので、ごちゃまぜになりやすいのです。

私たちは、**問題文の中に誤りがあっても、それに気づきません**。これは**「モーゼの錯覚《さっかく》」**と呼ばれています。

「問題文の前提」が間違っていると気づきにくいもの

カリフォルニア大学サンディエゴ校のトーマス・エリクソンは、二十八名の学生にこの問題を出してみたのですが、なんと八一％の人が間違えてしまいました。

ですので、かりに読者のみなさんが間違えたのだとしても、別にうっかり屋さんということにはなりません。ほとんどの人は間違えますので。

ただし、問題文自体を少し変えると、モーゼの錯覚を抑制《よくせい》することもできます。

「『モーゼは動物を二匹ずつ、方舟に乗せました』

この記述は正しいですか、間違いですか」

こんな聞き方をすると、間違える人は四一％に減ることも、エリクソンは明らかにしています。それでも、かなりの人がひっかかってしまうようですが。

私たちは、そもそも問題文の前提自体がおかしいとは思いません。問題文の前提が間違っているのは、なんとなくズルいとも感じてしまいます。

モーゼの錯覚が起きるのは、**「まさか誤りの前提を含んだ問題など出すわけがないだろう」**という実験参加者の思い込みも影響しているような気がします。

友人が出してくるクイズやナゾナゾであれば、「ひっかけ問題だ」ということを疑って、正答率はもう少し上がると思うのですが、どうでしょうか。

2章

誰もが経験済みの「あの感覚」の正体！

——実は、ちゃんとしたメカニズムがある！

占いが「ズバリ当たる」からくり

それって バーナム効果

「あなたは普段は陽気なのに、時折、ひどく落ち込むことがありますね？」

「好きな人にもっと積極的にアプローチしたいと思っても、遠慮してしまうのではないですか？」

占い師がそんなことを言うと、たいていの人は、「うわっ、当たっているよ！」と思うものです。

しかし残念なことに、血液型占いや星占いのたぐいは、すべて科学的に否定されています。そういう占いはすべてインチキ。占い師は、適当にデタラメを並べているにすぎません。

では、どうして**占い師の言うことが「当たっている」と感じてしまう**のでしょうか。

それは**「バーナム効果」**によるものです。

私たちは、曖昧《あいまい》な言い方をされると、自分に当てはめるような形で解釈しようとします。ですから、当たっているように感じてしまうのです。

たとえば、「陽気」という表現一つとっても、思わずスキップしてしまうほどに高ぶった気持ちを指すのか、それとも少しだけ明るい気持ちを指すのか、占い師は述べていないからです。

「ひどく落ち込む」もそうです。自殺を考えるほどに落ち込むことを指すのか、ちょっぴりセンチメンタルな気持ちになることを指すのか、はっきりしません。

「あなたは陽気だが、時折、落ち込むことがある」と言われれば、たいていの人は浮かれたりも、落ち込んだりもするので、「当たっている」と感じるのです。

なぜ詐欺師の言葉にコロッとだまされる？

ロンドン大学のエイドリアン・ファーナムは、「バーナム効果」について調べた研究を総合的に分析し直し、いくつかの結論を導いています。

まず、バーナム効果は、男性でも、女性でも見られること。ただし、**女性は占星術《せんせいじゅつ》**の結果を信じやすく、**男性は心理テスト**の結果を信じやすい、という違いはあること。

また、性格と関連性があるらしく、「被暗示性」（暗示のかかりやすさ）の高い人ほど、バーナム効果は強く見られること。ファーナムは、こう結論づけています。

単なるお遊びとして、各種の占いをするのはけっこうですが、中にはタチの悪い占い師もいるので気をつけてください。詐欺《さぎ》師はバーナム効果を利用して、自分のことを信用させようとしてきます。

「あなたは○○なタイプですね」という詐欺師の発言が、かりに当たっているかのように感じられてしまったとしても、それは誰にでも当てはまってしまうことなのであって、バーナム効果にすぎません。

ですから、誰かから「あなたは○○なタイプですね」と言われても、「ふぅん、だから何？」という冷静な態度をとるようにしてください。

「自分に似た人」を好ましく思う

それって 類似性の原理

私たちは、自分のことが大好きです。ナルシストだけが、自分を好きなわけではありません。誰でも、自分のことが好きなのです。

「私にとっては、息子が世界で一番かわいい」と言う人もいますが、なぜ息子がかわいいのかというと、自分に似ているから。自分に似ているからかわいいと思うのであって、結局は、自分のことが好きなのです。

私たちは、自分のことが好きなので、**自分に似ている人のことも好きになりやすい**傾向があります。これは**「類似性の原理」**と呼ばれています。

自分が飼《か》っているワンちゃんがかわいいので大好き、という人もいますよね。

しかし、それは自分に似ているから好きなのです。もし全然似ていなかったら、かわいいとは思わないでしょうし、そもそも、そういうワンちゃんをペットショップで選ぶこともないでしょう。自分に似ているところがあったから、購入を決めたのです。

共通点が多いほど「いいね！」と感じる心理

ベネズエラにあるシモン・ボリバル大学のクリスティーナ・ペインは、犬を飼っている人四十八名にお願いして、自分の写真と、飼い犬の写真を用意してもらいました。四十八組の「飼い主と飼い犬」の写真を、六組ずつの八グループに分け、それぞれのグループ内で写真をバラバラに混ぜ合わせた状態で、「飼い主と飼い犬」の正しい組み合わせを当てられるかどうかを、実験しました。

なぜ四十八組の写真すべてを混ぜ合わせなかったかというと、それでは難易度があまりに高くなってしまうからです。八グループに分け、一グループずつ順番に挑戦してもらうことで、結果として回答者の負担を減らしたのです。

さて、結果はというと、六組中二組のマッチングに成功したのは二七・五％、三組成功できたのは一五％、四組成功できたのは一〇％という結果になりました。

さすがに六組すべて正解という人は少なくて二・五％でしたが、この実験によって、かなりの高確率で、飼い主と飼い犬を正しく組み合わせることができることが明らかになりました。

よく「飼い主とペットは似ている」と言われますが、それは本当のこと。

私たちは、自分に似ている動物をペットにしたいと思うので、似ているのも当然なのです。似ていなかったら、かわいいと思いませんし、ペットになどしません。

類似性の原理は、顔だち以外にも当てはまります。

自分と**出身地が同じ**人や**同じ趣味を持っている**人に対しても、私たちは好意を持ちやすいことが、他の研究で明らかにされています。

ある人が、どういう人と友だちになるのか、どういう人とお付き合いするのか、どういう人と結婚するのか、ということに関して、心理学者はわりと正しく予想できるのですが、その際に手がかりにするのが類似性なのです。

顔だちが似ているかどうか、あるいは、共通点をたくさん持っているかどうかに注目すれば、その二人がうまくいくかどうかも、かなりの精度で予想できるのです。

投資先を「フィーリング」で選んでしまう理由

それって　ネーム・レター効果

私たちは、誰でも自分のことが好きですし、自分のことを誇りに思っています。誰でも、いくらかはナルシストなのです。

時折、「自分のことが大嫌い」という人がいないわけではありませんが、大部分の人は自分を好ましく評価しているものです。

また、私たちは自分の「名前」も好ましいと感じています。そのためでしょうか、自分と名前が似ている企業に対しても、好ましい評価をすることが明らかにされています。

たとえば、「スージー」さんは、自分の名前と同じイニシャル（頭文字）の「スターバックス」に好ましさを感じやすいので、**どうせ投資するのであれば、自分の名前と同じイニシャルの会社のほうがいいと考えるものです。**これを**「ネーム・レター効果」**と呼びます。

自分の名前、誕生日に心は操作されている!?

ミシガン工科大学のヘザー・ニュートソンは、アメリカでは、「マイク」や「マドンナ」のように、「M」で始まる名前の人が多く、「X」で始まる名前は少ないことに注目し、だとしたら、「M」で始まる企業のほうが、「X」で始まる企業よりもたくさんの株主を集めることができるのではないか、と考えました。

そこでさっそく調べてみると、まさにその通りの結果が得られました。

投資家は、企業の業績に基づいて合理的に投資先を判断するのではなく、「なんとなく好ましい」というフィーリングで選ぶこともあるのです。

ネーム・レター効果は、日本でも確認されています。

京都大学の北山忍が、二百十九名の大学生に、四十五のひらがなを見せ、「好き・嫌い」を七点満点で得点をつけてもらったところ、**自分の名前に含まれるひらがな**を、他のひらがなよりも好ましいと評価したのです。私の場合ですと、「な」「い」「と」「う」といったひらがなは、好ましいと感じやすいわけです。

さらに北山は、ネーム・レターではなく、誕生日の日付でも同じような結果が得られることを突き止めています。

○から四十九までの数字に「好き・嫌い」をつけてもらう実験をした結果、男女とも自分の生まれた日の数字を好むことがわかったのです。

たとえば私は六月十二日生まれですので、自分でも気づかないうちに「六」や「十二」という数字を好ましく感じていることになります。

やはり誰でも自分のことを好ましく思っているということですね。

「いい表情」を作ると気分が上向く
それって　フェイシャル・フィードバック効果

私たちの感情というものは、「自分がどんな表情をしているか」によって影響を受けます。

一般的には、「悲しいときに、人は泣く」と思われていますが、「泣きそうな顔をしているから、悲しい気分になってくる」ということもあるのです。

嬉しいとか、楽しいという感情もそうです。

読者のみなさんは、「嬉しいから、笑う」「楽しいから、笑う」と思っているでしょうが、実際のところ、そう単純な話ではありません。

もちろん、嬉しいことや楽しいことがあれば、笑うことでしょう。

けれど、面白いことなど何もなくとも、とにかく笑顔を作っていれば、嬉しい気持ちになってくるのです。**表情が先で、感情が後**、ということですね。因果関係をひっくり返すこともできるということです。

ちっとも面白いことなどなくとも、笑った顔をするとどうなるのでしょうか。私たちの脳は、笑顔の表情を作ると、「楽しいことがあったに違いない」と判断し、セロトニンやドーパミンなどの幸せホルモンをどんどん分泌《ぶんぴつ》するよう指令を出します。そのため、本当に嬉しく、楽しくなってくるのです。

この現象は、**「フェイシャル・フィードバック効果」**と呼ばれています。どういう表情（フェイシャル）をするかによって、脳はそれぞれに異なるホルモンを分泌する指令を出す（フィードバック）ことから、この名前がつけられました。

「イヤなこと」をするときほど、とにかくスマイル！

フェイシャル・フィードバック効果は、日常にも応用できます。

たとえば、掃除《そうじ》とか、庭の草むしりとか、残業など、やりたくないようなことをしなければならないとき。こういうときに、「イヤだなあ」という不機嫌な顔をしていたら、本当に苦痛になってしまいますので、**イヤなことをするときほど、どんどん笑ってみる**のです。

ニコニコしながら作業をすると、「なんだか楽しくなってきた！」という気持ちになれますよ。

アムステルダム大学のフィリップ・フィリッペンは、大学の構内でビラをまき、実験に参加する人を募《つの》りました。すると男性十六名、女性十八名が協力を申し出てくれました。

フィリッペンは、彼らに最大心拍数の五〇%から六〇%の力で、自転車をこいでもらいました。

そして、自転車をこいでいるときに作る表情についても指示しました。ある人には笑いながらやってもらい、別の人には不機嫌な顔（しかめっ面《つら》）でやってもらったのです。

自転車を十分にこいでもらったところで、フィリッペンは学生たちに「今の気持ちよさは？」という質問と、「どれくらい疲れましたか？」という二つの質問をしてみました。
その結果は次の通りです。

	気持ちよさ（マイナス五点からプラス五点）	疲れ（〇点から二十点）
笑いながら	二・九一	十一・五三
しかめっ面で	二・一二	十二・〇六

（出典：Philippen, P.B., et al., 2012）

この結果からもわかる通り、イヤな作業をするときには、笑いながらやってください。そうすれば疲れませんし、何しろ楽しく感じるようですからね。

「自信の程度」は置かれた環境で決まる？

それって **小さな池の大きな魚効果**

私たちの自己概念や自己評価は、「他の人との比較」によって生まれます。

偏差値の高い学校に通っていて、平均以上の学力がある人でも、もしクラスメートがもっと優秀な人たちばかりなら、自分の学力に自信を持つことはできませんし、劣等感を覚えることもあるでしょう。

逆に、そんなに優秀なわけではなくても、**他の学生が自分よりはるかに劣《おと》るのであれば、「私はすごいんだぞ！」と自信を持てる**はずです。

こういう現象は、**「小さな池の大きな魚効果」**と呼ばれています。

「進学校の深海魚」になるよりも……

オーストラリアン・カトリック大学のハーブ・マーシュは、二十六カ国から、学生約四千名ずつを集め、同じ自己概念テストと同じ学力テストを受けてもらいました。その結果、学生が所属する学校の平均点が高いほど（つまりエリート校ほど）、その学校の生徒の自尊心は低くなる傾向が、二十六カ国すべてで見られたのです。「小さな池の大きな魚効果」は世界中で見られるといってよいでしょう。

進学をするときには、ギリギリで合格できるような学校ではなく、トップで合格できるような学校を志望したほうがいいかもしれません。そのほうが入学してからずっとトップでいられますし、自信を持つことができますからね。

合格ラインギリギリの学校に進学したりすると、合格した当初は嬉しいかもしれませんが、結局、成績がずっとビリのほうになってしまい、自信を失ってしまいます。

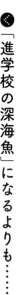

就職するときもそうです。

超がつくくらいの一流企業に就職できれば、内定をとれたときには跳び上がるほど嬉しいかもしれませんが、周りの人たちは自分よりはるかに優秀な人たちばかり。そんな人たちに囲まれ、針の筵《むしろ》のような状態で仕事をするのは、ものすごくキツいのではないでしょうか。

それよりも、ほんのちょっと頑張ればよい成績を出せるような小さな会社に就職したほうが、精神的にラクなのではないかと、個人的には思います。

日本には「鶏口《けいこう》となるも牛後《ぎゅうご》となるなかれ」ということわざがあります。

立派な体格の牛でも、その尻尾になるよりは、体は小さくとも、ニワトリの頭でいたほうがいい（大きな組織の末端になるよりも、小さな組織のトップになるほうがいい）という意味なのですが、進学や就職をするときには、このことわざをよくよく考えてから、決めるようにしてください。

「欲しいものを手に入れた」のに素直に喜べない

それって 勝者の呪縛

せっかく勝利を手にしても、**「なんだかな……」と素直に喜べない**ことがあります。これを**「勝者の呪縛《じゅばく》」**といいます。

たとえば、スマホゲームでの課金ガチャ。どうしても欲しいアイテムやキャラクターがあるのですが、課金のガチャガチャでしか手に入らないとしましょう。ところが、ガチャガチャというものは、必ずお目当ての商品が手に入るわけではありません。

そのため、欲しいものを手に入れるためには、延々とお金をつぎ込む必要に迫られたりもします。すると、結果として、欲しいものが手に入ったとしても、相当にお金をかけてしまったわけで、素直に喜べなくなってしまうのです。

これがまさに「勝者の呪縛」という現象です。

スマホアプリの中には、「基本プレイ無料」と謳《うた》いながら、課金ガチャのシステムでユーザーにお金を使わせようとするものがたくさんありますので、課金をするときにはよくよく考えないと、後悔することになります。

「オークション落札！」の後の微妙な気持ち

ヒューストン大学のジョン・カーゲルは、オークションでも同じ現象が見られるという報告をしています。オークションは、参加する人が多くなればなるほど盛り上がります。ただし、金額がどんどん吊《つ》り上がりますから、勝者は欲しい品物が手に入ったとしても、かなりの出費を強いられるので素直に喜べません。まさしく勝者の呪縛を味わうことになるのです。

「どうしても欲しい！」と意気込んでオークションに参加しても、ほどほどのところで手を引かないといけませんね。仮に手に入れられたとしても、その瞬間は嬉しいかもしれませんが、後で冷静になったときに、微妙な気持ちになってしまいますから。

「悪口を言われているかも」が無性に気になる

それって パラノイド認知

根拠もないのに、人を疑ってしまったり、悪口を言われているのではないかと思い込んでしまったりすることを「パラノイア」（妄想）と呼びます。

一般的に、パラノイアは、精神病の一つと考えられていますが、ごく普通の人でも人を疑ったり、不信感を持ったりすることは、当たり前のようにありますよね。

スタンフォード大学のロデリック・クラマーは、普通の人でも、パラノイアの患者のように疑り深い思考をしてしまうことは、当たり前のようにあるのであって、「自然な心の働き」だと述べています。

さらにクラマーは、こうした「**パラノイド認知**」は、おかしいどころか、**知的で適切な戦略**だとも述べています。

「心の警報システム」が作動するのは健全で知的なこと

パラノイド認知とは、言ってみれば「**心の警報システム**」。

この警報システムがあるからこそ、外部の脅威に対して、私たちは防御反応をとれるのです。つまりは、健全で知的な反応だというのが、クラマーの結論です。

「人を見たら泥棒《どろぼう》だと思え」ということわざがありますが、明らかにパラノイド認知です。けれども、この警報システムが自然に働く人のほうが、だまされにくいことは言うまでもありません。

もちろん、何でもかんでも疑ってかかるのも困った問題を引き起こすことはありますす。しかし、少しくらい疑り深くとも、「私の心はおかしいのでは?」などと思わないほうがいいでしょう。

たとえば、「私は、職場の人たちに嫌われているかもしれない」と思う人は、できるだけ嫌われないように、いろいろと気配りをするようになります。

ところが、自分が嫌われるとは思ってもみない人は、警報システムが働いていませんから、周囲に気配りをすることもありません。そのため、**少しくらい疑り深い人のほうが、気配りの達人になることができますし、結果としては好かれる**ということもあるのです。

パラノイド認知は、私たちがよりよい社会生活を送るために進化させてきた、心の警報システムなのですから、むしろ「ありがたい心の働き」だと言ってよいのかもしれません。

「ホメ言葉には裏がある」と感じる

それって **邪悪な帰属の誤り**

衣料品店で洋服を試着したとき、店員から「とても、よくお似合いですよ」とホメられたとしましょう。

こういうとき、その店員は、心からホメてくれているのかもしれないのに、たいていの人は**「はいはい、どうせお世辞《せじ》でしょ」**と、すぐに疑ってかかるのではないでしょうか。

つまり、素直に店員のホメ言葉を受け取れる人は、あまりいないのではないかと思います。

このような心の作用は、**「邪悪な帰属の誤り」**と呼ばれています。

お店の店員がお客をホメてくれる状況というのは、客の側がお世辞を疑う理由がある状況です。お客が気をよくして洋服を買ってくれれば、お店の利益になりますから。セールスの場が典型的ですが、どうしてホメるのか、その動機を疑うことのできる状況では、私たちは自動的に「邪悪な帰属の誤り」という疑惑の思考をしてしまうのです。

「それって自分に利益誘導するためですよね？」

上司と部下の関係でもそうです。

たとえば、上司が部下をホメると、部下はその真意を疑ってしまうこともあるでしょう。

「本当はそんなふうに思っていないのではないか」

「皮肉を言っているのではないか」

などの疑惑が心に浮かんでしまうと思います。

部下が疑いを持つのも、もっともなことです。何しろ、もし自分が頑張って仕事をして生産性を上げれば、上司の評価も高くなるでしょうから。「結局は自分の利益のために、私のことをホメているだけだ」と部下が疑うだけの理由がちゃんとあるのです。

そういう状況では、ほとんど自動的に「邪悪な帰属の誤り」が働いて、私たちは相手の言葉を疑います。

もちろん、相手を疑ってしまうのは、パラノイアでも何でもありませんので、ご心配なく。こういう疑いは、健康な一般人でも普通に持つものであり、ごく自然な心のメカニズムなので、不安になる必要はないのです。

前の項目でも説明しましたが、疑ってしまうこと自体は、知的で適応的な反応です。決しておかしなことではありません。

人を疑ってかかったほうが、相手の言いなりになることもなく、だまされる可能性も低くなるので、かりに自分が疑り深い性格なのだとしても、自分を責めたりする必要はないのです。

ついつい自分の話を「盛って」しまう

それって **言いすぎ効果**

「あそこは私の地元だから、何でも聞いてよ」

「私はミュージシャンの○○のファンだから、何でも聞いてよ」

本人があまりにも自信を持って断言しているので、それならと質問してみると、そんなに詳しくないことがわかったりします。こういう現象は、**「言いすぎ効果」**と呼ばれています。

私たちは、**自分の知識量を、実際よりかなり高く推定する**傾向があるのです。

あることに対して、本当は六十の知識しか持っていないのに、「私には八十の知識がある」と思うのであれば、それは「言いすぎ」というものでしょう。

もちろん、本人に悪気があるわけではありませんし、ウソをつくつもりもないとは思いますが。

誰もが自分の知識量を見誤っている

コーネル大学のスタブ・エイターは、インターネットで募集した九十八名の回答者に金融の知識を尋ねてみました。一つひとつの用語に、「まったく聞いたことがない」なら一を、「かなり詳しい」と思うのなら七というように、一〜七の七段階で選んでもらいました。

用語は十五ありましたが、そのうちの十二の用語は、本当に存在する用語（「税額控除」や「固定金利住宅ローン」など）でした。

ところが残りの三つは、それらしく聞こえるものの、現実には存在しないインチキ用語でした（「評価前株式」や「年率換算クレジット」など）。

もし、その三つのインチキ用語に対して、「少しは知っている」「かなり詳しく知っている」などと答えるなら、それは「言いすぎ効果」ということになります。

さて実験してみると、なんと九三％の回答者がインチキ用語も「少しは知っている」と答えたのです。

エイターは、もう一度インターネットで回答者を募集し、今度は約二倍の百九十名を募って同じ実験を追試してみました。けれども、やはり今度も九一％の人に「言いすぎ効果」が見られたのでした。

十人中九人に見られるのですから、これはかなり強い心理現象だと考えてよさそうです。**私たちは、誰でも自分の知識量を見誤っている**ということです。

私は心理学者なので、心理学の知識については「かなり詳しい」と思い込んでいるわけですが、そうはいっても、実のところは知らないこともいっぱいあるに違いありません。そう考えると、自分の知識量を判断するときには、もっと謙虚にならなければならないなと思います。

気をつけねばなりませんね。

「自分は、けっこうイケている」という錯覚

それって **平均点以上効果**

私たちは、自分の知識量をかなり水増しして評価しているものですが、それは知識量についてだけではありません。

自分の**人気度**や**魅力**、**頭のよさ**、**仕事の能力**、**自動車の運転技術**などについても、水増しした評価をすることがわかっています。

こういう水増し評価のことを、まとめて**「平均点以上効果」**と呼びます。

「私の○○は、少なくとも平均点以上だろう」と思い込んでいるということですね。

「○○」のところには、いろいろな特性が入るのですが、明らかに「いやいや、あなたは普通の人よりもずっと下だろう」と、思わずツッコミを入れたくなってしまうよ

うな人にも平均点以上効果が見られるのです。

自己評価は「高め安定」がデフォルト

イギリスにあるサウサンプトン大学のコンスタンティン・セディキデスは、有罪判決を受けて刑務所に収監《しゅうかん》されている八十五名の囚人《しゅうじん》に、次のような質問をしてみました。

「他の囚人と比べて、あなたの○○を評価してください」
「一般市民と比べて、あなたの○○を評価してください」

「○○」の部分には、親切心、道徳心、正直さ、法律の遵守《じゅんしゅ》、思いやり、寛大さ、セルフコントロール能力、頼りがい、信頼性、の九つが入ります。他の人と比べて、自分を下に見るのか、それとも上に見るのかを検証したわけです。

すると囚人たちは、他の囚人と比べても、九つの特性のうち八つで「自分のほうが上」と答えたではありませんか。唯一、「法律の遵守」に関してだけは、「自分が下」と答えました。

さらに驚くのは、普通の一般市民と比べても、自分のほうが上と答えていたことです。やはり「法律の遵守」以外では、自分のほうが上と考えていました。

囚人の三六・五%は暴力行為、二五・三%は強盗で有罪判決を受けているのです。にもかかわらず、自分は親切で、道徳心も高く、セルフコントロール能力があるので欲望や衝動をコントロールできる人間だ……などと考えているのですから、驚きを禁じえません。

客観的に見れば、犯罪行為で有罪判決を受けているのですから、そんなわけがないのに**自己評価はびっくりするほど高い**のです。

平均点以上効果は、相当に強い心理現象なのかもしれません。

「自分の名前」だけは耳に飛び込んでくる

それって　カクテルパーティ現象

どんなに騒がしいパーティ会場であっても、誰かが「おい、○○!」と自分の名前を呼ぶと、私たちはすぐに気がつきます。

顔を寄せ合わないと、相手の声が聞こえないくらいうるさいところでも、なぜか自分の名前が呼ばれたことはわかるのです。

これは**「カクテルパーティ現象」**と呼ばれています。

この現象については、多くの心理学の本に紹介されていますが、きちんと精査してみると、「そんなに強い効果でもない」ということがわかりつつあります。

「無関係な情報」をブロックできていない証拠？

アメリカにあるクレアモント大学院大学のアンドリュー・コンウェイは、カクテルパーティ現象について調べた研究を集め、無関係なメッセージを聞かされている最中に、自分の名前が呼ばれた場合、どれくらいの人が気がつくのかの割合を計算してみたのですが、約三三％という結果になりました。

カクテルパーティ現象は、だいたい十人中三人にしか見られないのですから、「そんなに強いとも言えない」わけです。十人中七人には、自分の名前が聞こえません。

では、どういう人にカクテルパーティ現象が起きるのかというと、コンウェイによれば**ワーキングメモリー能力の低い人**。

ワーキングメモリーというのは、作業記憶のことで、短い間だけ頭の中で情報を保持し、情報を処理する能力を指します。相手の言ったことをすぐに復唱《ふくしょう》したり、ちょっと難しい暗算をしたりするときに使う能力のことです。

そして、カクテルパーティ現象が見られるのは、この能力が足りない人。

こういう人は、肝心な情報に注意を向けて、その他の無関係な情報をブロックするのがヘタなので、目の前の人としゃべっているときに、周囲の人の声も聞こえてしまうのですね。

ものすごく乱暴なことを言うと、カクテルパーティ現象は、あまり頭のよくない人や集中できない人に起きる現象ですので、そんなに喜ばしいものでもないのです。

もしカクテルパーティ現象が起きたら、「自分は目の前の人の話をそんなに真剣に聞いていないのかも」と思ったほうがいいかもしれません。

3章

対人関係の「あるある」を大分析！

——その現象、心理学でバッチリ説明できます

結局、「見た目のいい人」がトクしている

それって　ハロー効果

みなさんも薄々気づいているかもしれませんが、**顔だちのいい人はトクをします。**

職場では、周囲の人たちにチヤホヤしてもらえますし、仕事でミスをしてもお目こぼししてもらえる確率は非常に高いでしょう。また、友人もたくさんできて、結婚にも困らないでしょう。自分で開業すれば、事業で成功する可能性はとても高いかもしれません。世の中は、まことに不公平なのです。

誰でも知っている、「顔だちがいい人はトクをする」という原理を、心理学用語で**「ハロー効果」**といいます。

顔だちがいい人は、ピカピカと光っているように見えるので（ハローは、「こんに

ちは」という意味ではなく、「後光《ごこう》」の意味です)、その光に目くらましされた人たちには、何でもよい方向に評価してもらえるのです。

地獄の沙汰も「顔」しだい!?

ニューヨーク州バッファローにあるメダイール大学のトッド・リニオロは、四つの大学の教授について、ある調査を行ないました。

すると、学生たちから見て「魅力的」とされた教授は、「魅力的でない」とされた教授に比べ、学期の最後になされる授業評価(学生が先生につける通信簿)で、五段階評価で〇・八点高くなることがわかりました。

「なんだ、たったの〇・八点か」と思われるかもしれませんが、五段階評価で約一点分高いというのは、相当に高いということです。通信簿で「四」の人と「三」の人の差だと思ってもらえれば、わかりやすいでしょうか。

顔だちのいい先生は、「あの人は教え方がうまい」「板書《ばんしょ》もきれいでわかりやすい」

「生徒のことを思ってくれる」「親切」などなど、すべての評価が高くなります。

顔だちがそんなにイケていない先生は、残念ながら、一生懸命に授業に取り組んでも、「あまり教え方がよくない」と低く評価されやすいのですから、まことに不公平だといえますね。こればかりは、世の中とはそういうものだ、と割り切るしかないのが残念です。


ハロー効果は、裁判の判決においても見られます。

裁判官というと、法律に基づいて粛々《しゅくしゅく》と判決を下すものだと思っているかもしれませんが、裁判官も人の子。やはりというか、**顔だちのいい被告にはとても甘くなる**ようです。

コーネル大学のジャスティン・ガネルの研究では、顔だちがあまりよろしくない被告は、顔だちのいい被告より、二二%も有罪とされる割合が高く、しかも平均二十二カ月も長い実刑を受けるというのです。

世の中がそんなふうになっているのですから、美容外科を訪れる人が多いというのも納得できます。

童顔の人を「応援したくなる」心理

それって テディ・ベア効果

美人、あるいはイケメンは、周りの人からチヤホヤされたり、エコヒイキしてもらえたりします。これはハロー効果と呼ぶのでしたね。

では、**童顔《どうがん》**についてはどうでしょう。

子どもっぽい顔をしている人は、大人になってからも、子どものようにかわいがってもらえたりするのでしょうか。

答えは「イエス」。輪郭《りんかく》が丸っぽくて、目が大きくて、額が広いといった特徴のある顔だちは、**親しみやすく、好意を感じてもらいやすい顔なので、やはりいろいろとトクをする**のです。

こちらは、**「テディ・ベア効果」**と呼ばれています。クマのぬいぐるみを意味する、あのテディ・ベアです。まあ、テディ・ベア効果という名前がついておりますが、ハロー効果の仲間のような用語です。

成熟顔の人にはつい「頼りたくなる」

アメリカのノースウェスタン大学のロバート・リビングストンは、フォーチュン五百社（アメリカの優良企業五百社のこと）のCEOの顔写真を、会社のホームページからたくさん集めてきて、男性十名、女性十一名に顔だちを評価してもらいました。すると、**CEOが童顔だと評価された企業ほど、業績がよい**ことがわかったのです。

もちろん、成熟した、大人っぽい顔の人がダメなのかというと、そういうわけではありません。大人びた顔の人は、頼りがいが感じられて、信用されやすいという特徴があります。会社のCEOとしては、適任の顔だちだといえるでしょう。

リビングストンの研究でも、大人っぽい顔のCEOの企業も、業績はよかったのです。いったい、これはどうしてなのかというと、次のように解釈できます。

CEOが童顔↓かわいらしさや親しみやすさなどを高める↓業績アップ
CEOが成熟顔↓頼もしさや信用度を高める↓業績アップ

子どもっぽい顔でも、大人びた顔でも、どちらも業績アップにつながるのですが、**業績アップにつながるプロセスが違う**のです。

スポーツのコーチや監督もそうですね。大人っぽい顔のコーチや監督は、頼もしく見えるので、メンバーも「この人なら安心してついていける」と思うでしょう。そういうチームの成績がよくなるのは当然です。

ですが、子どもっぽい顔のコーチや監督のチームがダメなのかというと、そうではありません。メンバーは監督に親しみやすさを感じ、「この監督のために頑張ろうかな」という気持ちになります。すると、やはりチームの成績はよくなるのです。

童顔も、成熟顔も、結局は、どちらもトクをします。テディ・ベア効果というものはあるのですが、「私は老け顔だからダメなのか……」などと落ち込む必要はありませんので、ご安心ください。

気づいたら「相思相愛」になっているとき

それって　ミラーリング

相手の表情や姿勢、話し方などを真似《まね》するテクニックのことを心理学では**「ミラーリング」**と呼んでいます。まるで「鏡」（ミラー）に相手の姿を映し出すようにするので、この名がつけられました。

ミラーリングをすることには、二つのメリットがあります。

一つ目は、**相手に好かれる**こと。おしゃべりするときにミラーリングをすると、相手から「この人って気持ちのいい人だな」「素敵な人だな」と思ってもらえる確率がアップするのです。

ニューヨーク大学のターニャ・チャートランドは、知らない人とペアになって、十五分間のおしゃべりをしてもらうという実験をしたことがあります。ただし、ペアの片方は、実のところ参加者ではなく、サクラ（実験協力者）です。サクラは、ある人のときにはミラーリングし、別の人のときにはミラーリングしませんでした。

十五分間のおしゃべりが終わったところで、参加者に相手の好感度を尋ねてみると、サクラがミラーリングしたときのほうが、参加者に好かれることがわかりました。ミラーリングは好かれる技術として利用できるのです。

ミラーリングの二つ目のメリットは、**自分も相手を好きになれる**こと。

「この人、ちょっと苦手だな」という人と接するときには、相手の表情やしぐさをミラーリングしてみるといいですよ。そうすると嫌悪感が減少し、ひょっとすると好意を感じることさえあるかもしれませんからね。

相手と「同じ表情」をしているとホレてしまう？

ポーランドにあるSWPS大学のヴォイチェフ・クレザは、三十代のあるプロの女

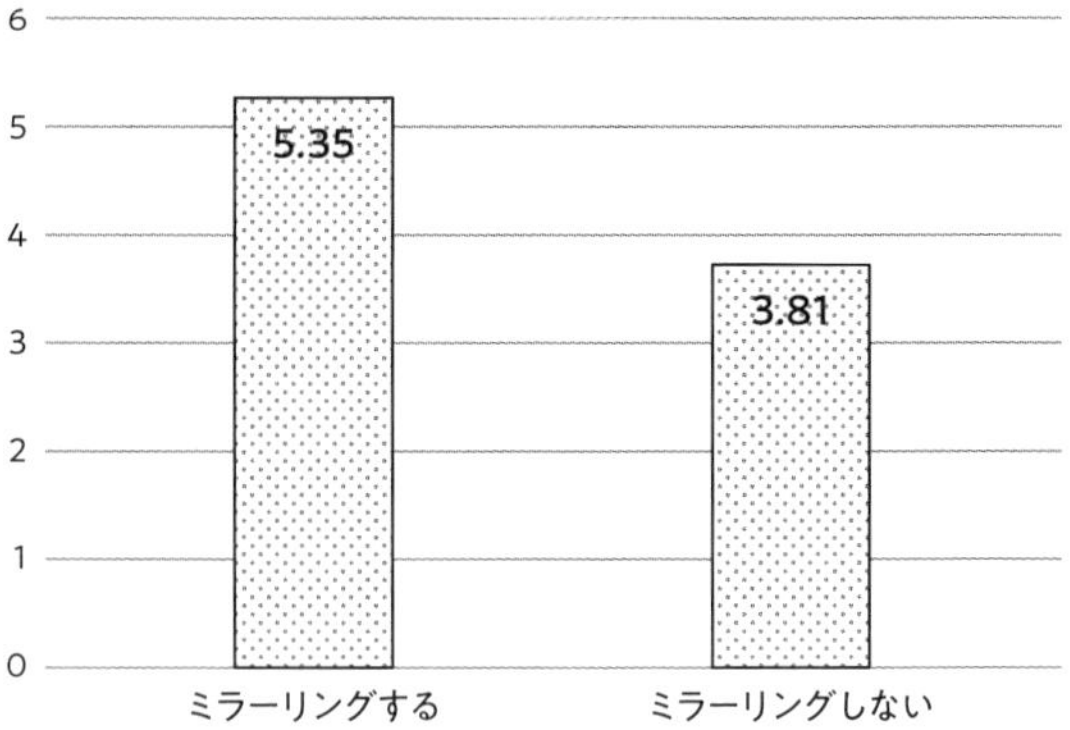

ミラーリングをすると、相手を好きになる

（出典：Kulesza, W., et al., 2015）

優について、一方のグループにはその女優と同じ表情を作ってもらい（つまりミラーリングしてもらい）、その女優をどのくらい好ましく思うかを七点満点で評価してもらいました。そして、特に条件を課さなかったもう一方のグループと比べると、上のような結果になりました。

やはりミラーリングは、好感度の醸《じょう》成《せい》に役立つようです。

誰にでも、苦手な人や肌の合わない人はいると思いますが、そういう人とおしゃべりするときには、ぜひミラーリングを試してみてください。

「見知らぬ人」だからこそ悩みを吐露できる

それって　老水夫効果

近しい人だからこそ、かえって言いにくいということがあります。

学校でいじめを受けている子どもは、そのことを、親には内緒にしようとします。

会社をクビになったサラリーマンは、妻にだけは、あるいは子どもにだけは、クビになったことをひた隠しにしようとすることがあります。

「家族なのだから、遠慮なんかせずに相談すればいいのに……」と思うかもしれません。

ですが、それは当事者ではないから言えるのであって、もし読者のみなさんも同じような立場に立たされることになったら、おそらく「家族だからこそ話せない」という、複雑な心情になるのではないかと思います。

ちなみに、**「近しい人だからこそホンネが言えない」**という現象は、心理学では**「老水夫効果《ろうすいふ》」**と呼ばれています。

言葉だけを聞くと、なんだかよくわからない用語かもしれませんが、イギリスの詩人サミュエル・コールリッジの『老水夫の歌』という物語詩に由来するものです。

知り合いよりも、通りすがりの見知らぬ人に対してのほうが、ホンネを語りやすいという意味なので、**「通りすがりの見知らぬ人効果」（パッシング・ストレンジャー効果）**と呼ばれることもあります。

「面識のない相手」には心のハードルが下がる？

老水夫効果は、ハーバード大学のジック・ルービンも確認しています。

空港の出発ラウンジで待っている人に実験者が話しかけ、面識のない実験者にどれくらい自分のことを話してくれるのかを検証してみました。このとき、まず実験者が自分の打ち明け話をすれば、相手も同じように打ち明け話をしてくれることがわかりました。

ちなみに、実験者が先に自分のことを話さないと、老水夫効果は起きないようです。おそらく警戒されてしまうのでしょう。

家族や恋人なのだから、何でも話せるのかというと、そうではありません。むしろ、**料理屋の女将《おかみ》さん**や**スナックのママ**に、自分の抱えている、いろいろな悩みや問題を語る人のほうが多いと思われます。

あるいは、たまたまバーで隣に座った人のように、「二度と会わない人」のほうがかえって気がラクで、近しい人にはとても言えないような内容のことまで相談できてしまう、ということはよくあるのです。

相手が変われば性的欲求も亢進!?

それって クーリッジ効果

アメリカの第三十代大統領カルヴィン・クーリッジにまつわる面白い小話があります。

あるとき大統領とその夫人が、官営の実験農場の見学にやってきました。夫人は鶏舎《けいしゃ》に来て、雄鶏《おんどり》が何度も盛んに雌鶏《めんどり》とつがうのを見て、いったいどれくらいの頻度でするのですか、と尋ねました。

すると飼育員からは「毎日、何十回とです」と聞かされました。その話を聞いた夫人は、「主人にもその話をしてやってちょうだい」と言いました。

その話を後で聞いた大統領は、「毎回、同じ雌鶏とかい?」と尋ねました。

すると飼育員は「ああ、違います。毎回、違う雌鶏とですよ」と答えました。それを聞いた大統領はにっこりと微笑《ほほえ》んで、「その話を家内にしてやってくれ」と述べたのです。

本当にこのようなやりとりがあったのかどうかは不明ですが、**「違う相手であれば、いったん失った性的欲求もまた復活する」**という現象のことを、**「クーリッジ効果」**と呼ぶようになりました。

勉強の「やる気スイッチON」にも応用可能

ネズミのオスとメスを一緒のケージに入れると、いったい何が始まるでしょうか。すぐに交尾を始めます。

ところが何回か交尾をすると、オスのネズミはもう交尾をしなくなります。そこで次に、新しいメスを入れるとどうなるのでしょうか。なんと、また交尾を始めるのです。クーリッジ効果は、ネズミにも同じように見られるのですね。

メキシコにあるプエブラ自治大学のジョゼ・トラチ－ロペスは、新しいネズミのメスを入れて交尾をしたときの、オスの精子を採取してみました。

　すると、新しいメスのときには、精子量が四四%も減少していることがわかりました。八回も交尾をすると、精子量はほぼゼロになりました。つまり、妊娠させる可能性はそんなに高くないのですが、それでもオスは新しいメスになると、また交尾を開始するのです。

　倫理的にいろいろと問題があるので、人間を使った実験でクーリッジ効果を確認することはできないのですが、なんとなくイメージすれば、やはり人間でも同じような現象が見られるのではないかな、と思います。


　ちょっと脱線しますが、性的な欲求だけでなく、**人間のやる気でも、クーリッジ効果と似たような現象は観察**できます。

　たとえば、勉強をしていて疲れたと感じても、勉強する科目を英語から数学に変えたりすると、再び意欲が高まって、休憩せずに勉強を続けることができます。

　また、同じ仕事をずっとやっていて疲れを感じても、違う作業をすると意欲が復活して仕事を続けることができるものです。

「両想い」なのに告白できないふしぎ

それって　多元的無知

相手はそんなふうに思っていないのに、「相手はそう思っているに違いない」と自分勝手に思い込んでしまうことを**「多元的無知《たげんてきむち》」**といいます。

心理学の辞書を引いて、多元的無知を調べてみると、「誰も信じていないが、誰もが『誰もが信じている』と信じていること」と、なんだか難しい説明が載せられています。これをわかりやすく言うと、次のようなことです。

たとえば、男性と女性がいて、二人ともお互いに好意を持っているとしましょう。ところが男性のほうは、女性が自分を嫌っていると思い込んでいるため、告白できません。女性はというと、「どうせ私など相手にされるわけがない」と思い込んでいて、やはり告白できません。

このように、お互いに**間違った思い込みで遠慮し合ってしまうような現象**を多元的無知と呼ぶのです。

しりごみするより「ズバリ聞いてみる」が一番

プリンストン大学のニコル・シェルトンは、白人と黒人との間で見られる多元的無知について研究しています。

白人の大学生に、「あなたは、もっと黒人の友だちが欲しいですか？」と尋ねると、「はい」と答えます。その一方で、「でも黒人は、そう思ってくれないんじゃないかな」と思い込んでいます。

次に、黒人の大学生に、「もっと白人の友だちが欲しいですか？」と尋ねてみると、やはり答えは「はい」になるのです。ところが、同じように、「でも白人のほうは嫌がるんじゃないかな」と思い込んでいることが明らかになりました。

お互いに友だちになりたがっているのですから、遠慮せずに友だちになればいいのに、と思いますが、お互いに遠慮し合ってしまうということはよくあります。

多元的無知に気づくためには、**とにかく直接、相手に聞いてみるしかありません。**

「僕はキミのことが好きなんだけど、キミはどうだろう?」と。

勇気を出して聞いてみると、案外、相手が自分に好意を持っていることに気づいて、ビックリするのではないかと思います。

私たちは、超能力者ではないので、相手の考えなど読むことはできません。ですから、わからないことは本人に直接聞いてみるのが一番なのです。

人質と犯人の間に生まれる「奇妙な共感」

それって **ストックホルム症候群**

一九七三年八月、ストックホルムで銀行強盗による人質立てこもり事件が発生しました。この事件は、ノルマルム広場強盗事件として知られています。

この事件が一躍有名になったのは、人質が解放された後。

なんと人質は、犯人に共感したのか、逃げ出すチャンスがあったのに逃げ出さず、犯人が寝ているときには警察に銃を向けることさえしていたのです。また、犯人から解放された後も、犯人をかばって非協力的な証言を行なったりしました。

この事例で見られるような、**人質が、本来なら敵であるはずの犯人に共感したり、好意を抱いたりしてしまう現象**は**「ストックホルム症候群」**と呼ばれるようになりました。

ただし、この現象に関しては、単なる都市伝説ではないかと指摘する研究者もいます。

「例外ばかりが報告」されてきただけ？

ロンドン大学のM・ナムニャックは、ストックホルム症候群についての十二の論文を見つけて精査してみたのですが、どういう基準でストックホルム症候群と診断すればよいのかが明確でなく、非常に曖昧でした。

研究者が「これはストックホルム症候群だ」と指摘しただけで認められるのなら、科学的な研究にはなりえません。

また、ナムニャックは、本当に例外中の例外のような事例だけが、ことさら専門雑誌に発表されている可能性も指摘しています。人質が、今にも自分に暴力を振るおうとしている犯人に好意を抱くようなことは、まず考えられないからです。

ひょっとすると、**ストックホルム症候群は、単なる都市伝説にすぎないのかもしれません。**

夫に家庭内暴力を振るわれることに喜びを感じる妻がいるとか、レイプされることを喜ぶ女性がいるというのも、都市伝説であり、神話です。

なお、精神的な障害を分類するための標準的な基準を示す『ＤＳＭ』という世界中で使われているガイドブックがあるのですが（現在は五版）、「ストックホルム症候群」という用語が記載されたことは一度もありません。もちろん、日本版でも記載されていません。

ストックホルム症候群については、これをテーマとする小説も数多く存在するのですが、実際には起こりえないと考えてよいのではないかと思います。

「そういう目で見てしまう」心理

それって　ラベリング効果

たとえば、「元麻薬中毒患者」と聞いて、どのような人物をイメージしますか？

たとえ、その人物が今は健全な社会生活を送っていたとしても、「怖そう」「まともではなさそう」と感じるのではないでしょうか。

いったん何らかのラベルを貼《は》られてしまうと、周囲からもそういう目で見られてしまいます。

「元麻薬中毒患者」というラベルを貼られてしまうと、今はそうではないのに、「そういう目で見られてしまう」のです。

「バツイチ」も典型的な例の一つです。今では再婚して幸せな家庭を築いていても、やはりそういう目で見られてしまいます。

人間に、こういうラベル貼りをしてはいけません。しかし、私たちは往々にして、相手にラベルを貼り、偏った見方をしてしまいます。こういった現象のことを**「ラベリング効果」**と呼びます。

「心の不調」があっても受診をためらう理由

カリフォルニア大学のアンドレス・マルチネスは、「精神病」というラベルに関しての研究を行なっています。

マルチネスは、オンラインで募集した百四十六名（平均年齢三十三・五三歳）を対象に、「慢性的に精神の病気がある人」と「慢性的に身体の病気がある人」について、その印象を尋ねてみました。

すると、精神病というラベルを貼られた人は、「人間というより動物に近い」「野蛮《やばん》」「予測できない行動をするので危険」といった印象を与えてしまうことがわかりました。身体のほうの病気では、ネガティブな印象を与えませんでした。

つまり、心を病んだ人は、そういう目で見られてしまうのです。

うつ病になっても、なかなか病院に訪れようとしない人が多いという話を聞きます。心配した家族に促《うなが》されたり、連れてこられたりしてしぶしぶ受診し、うつ病が発覚するというケースが多いのだそうです。本人が病院に行くのを嫌がるのですね。

普通の風邪《かぜ》の場合ですと、さっさと病院に行くでしょう。薬をもらったほうが治りは早いからです。虫歯をガマンする人もいませんよね。さっさと痛い歯を治してもらったほうがいいに決まっていますから。

ところが、うつ病をはじめとして、精神的な病気に関しては、たいていの人が受診をためらうのです。**「心の病気」というラベルを貼られるのを嫌がる**からです。

今でこそ、うつ病はごく一般的な病気の一つになっていますが、昔は「心の弱い人がなる病気」「怠《なま》け者がなる病気」というラベルを貼られたものでした。受診をためらう人は、そういうラベルを貼られたくないのです。

いったん貼られたラベルは、なかなか剥《は》がしてもらえません。うつ病が治ったとしても、「元うつ病患者」というだけで、やはりそういう目で見られることもあるでしょう。ラベルが剥がれるのには、相当の時間の経過が必要なのです。

明るい人の周りに人が集まるワケ

それって　ポリアンナ仮説

私たちは、ネガティブなコメントより、ポジティブなコメントを好みます。人が悪口を言っているのを聞くのが好きな人はあまりいません。

アメリカの選挙では、候補者たちが、お互いのライバルについて悪いことばかりを言い合っています。「ネガティブ・キャンペーン」と呼ばれる方法です。

しかし、心理学的にいうと、これはあまりよい作戦ではありません。他人の悪口を言っていると、自分自身が嫌われてしまう恐れがあるからです。

日本でも、野党があまり好まれないのは、与党の文句ばかり言っているからではないかと私は思っているのですが、どうでしょうか。ネガティブなコメントしか言わない人は、どうしても好意的に評価してもらえません。

私たちは、**陰気で暗いものよりは、明るくて楽しいものを好みます。**

これを心理学では、**「ポリアンナ仮説」**と呼んでいます。エレナ・ホグマン・ポーターのベストセラー小説『少女ポリアンナ』に由来する言葉です。

主人公のポリアンナはどんな状況にあっても悲観することなく、前向きに明るく考える女の子なのですが、私たちはポリアンナのような考え方を好むはずだ、というのがポリアンナ仮説です。

誰しも「楽観的な気分」で生きていきたい

イリノイ大学のジェリー・ボーチャーは、どの国の人も、ポジティブな言葉のほうを、ネガティブな言葉よりも好み、それゆえポジティブな言葉のほうをたくさん使うのではないかと考えました。

そこで十三の国の人に、「母」「家」「手」「空」といった単語を見せて、真っ先にそのイメージが頭に浮かんだ単語を答えてもらい、その単語がポジティブ（よい、素敵、強い、便利、美しい、など）なものか、それともネガティブ（汚い、暗い、悲惨、醜《みにく》い、など）なものかを調べてみました。

すると、フランス、イタリア、オランダ、メキシコ、スペイン、アフガニスタン、中国、トルコなどの国の人では、どんな単語を見せても、ポジティブな単語のほうが圧倒的にイメージが浮かびやすいことがわかったのです。アメリカやフィンランド、ユーゴスラビアといった国の人では、すべての単語というわけではありませんでしたが、それでもポリアンナ仮説通りでした。

世の中には、悲観的で、物事をネガティブに解釈しがちな人がいないわけではありませんが、**圧倒的に多くの人は、基本的に楽観的で、ポジティブな考え方をする**ものです。

愚痴《ぐち》ばかり言っている人は、周囲の人に嫌われてしまいますので、できるだけ陽気に、明るく振る舞ったほうがいいでしょう。そのほうが人に好かれますからね。

「誰かがなんとかしてくれるだろう」のワナ

それって　傍観者効果

暴漢に襲われそうになったとき、周囲に誰もいないときよりは、誰かがいたほうが助かりそうな気がしませんか。何しろ、今にも襲われそうになっているわけですから。

ところが、周囲にたくさんの人がいても、いや、たくさんの人がいるからこそ、かえって「助けてもらえない」という悲惨なことになることがあるのです。

「まあ、誰かが助けるだろう」

「さすがに、もう誰かが警察に通報したに決まってるさ」

周囲にいる人たちがお互いにそんなふうに思い込み、結局は、**誰一人として助けてくれない**、ということが本当にあるのです。これを「**傍観者効果**」といいます。

「人の目」のあるなしで人間行動はどう変わる？

一九六四年、ニューヨークで、ある婦女殺人事件が起きました。キティ・ジェノヴィーズという女性が暴漢に襲われそうになって、大声で助けを呼んだのですが、付近の住民は誰も助けてくれなかったのです。この事件では、三十八人の住民が事件に気づいていたか、あるいは目撃していたことが後にわかりました。

一般的に傍観者効果というと、「周囲の人が助けてくれない」という現象を指すのですが、ドイツにあるレーゲンスブルク大学のピーター・フィッシャーは、逆の傍観者効果が起きることもあるのではないか、と考えました。

普段なら見逃してしまうことでも、周囲に傍観者がいるときには、**ちょっとカッコいいところを見せたくて、やりたくないことでもやる人**がいるのではないかというのです。

これを検証するため、フィッシャーは、地下鉄の駅の駐輪場である実験をしました。破《やぶ》れたジーンズを履《は》いて、ストリート・ファッションの格好《かっこう》をした若い男性が、鎖《くさり》で留《と》めてあるマウンテン・バイクを盗もうとしているとき、「何をしているんだ！」と声をかけて止めようとする人がどのくらいいるかを調べてみたのです。なお、盗もうとしている男性は実験協力者のサクラですし、周囲の傍観者もサクラでした。

傍観者が周囲にいないときには、止めようとする人は二四・一%。ところが、傍観者がいるときには、三九・三%が止めようとしたのです。通常の傍観者効果とは逆の結果です。

自転車を盗もうとしている人を見ても、周囲に人がいないときには、「面倒に巻き込まれたくないし、まあ、いいか」と考えるのでしょう。

ところが周囲に人がいると、見て見ぬ振りもできません。人間には**カッコいいところを見せたいという自己顕示欲求**もありますから、こういうときには逆の傍観者効果が生じることもあるようです。

「一人だけ違う」は居心地が悪い

それって　同調行動

私たちは、**他の人と歩調を合わせて行動**しようとします。これを**「同調行動」**といいます。自分一人だけ、他の人と違う行動をとるというのは、なかなかできるわけではありません。**「同調圧力」と呼ばれるプレッシャー**を感じるので、ホンネとしてはあまりやりたくなくとも、やらざるをえないような気分になるわけです。

会議の場で、あるプロジェクトに対して本当は乗り気ではないのですが、他の参加者がみんな「やろう！　やろう！」の大合唱をしているときには、なかなか反対できるものではありません。

本当は中華料理が食べたいのですが、みんなで食事をするときには、あえて反対せずに、他の人たちの決めたお店に行くのも、同調行動だといってよいでしょう。自分一人だけ他のお店に行くわけにはいきませんから。

それは「社会性動物」としての本能？

ミズーリ大学のドナルド・グランバーグは、一九五三年から二〇〇一年までのアメリカ最高裁判所の陪審員による、判決投票四千百七十八件を調べてみました。陪審員たちが話し合って判決を出すとき、どれくらい同調行動が見られるのかを検証してみたのです。結果は次の通りです。

満場一致	三五％
5-4	二一％
6-3	二〇％
7-2	一四％
8-1	一〇％

（出典：Granberg, D., & Bartels, B., 2005）

やはりというか、一番多いのは満場一致。見事なほどに同調行動が見られたといってよいでしょう。

最も少ないのは八対一で意見が分かれること。

八対一ということは、一人だけがあえて反対するというケースですから、相当に勇気がないと難しいようですね。

日本人は、歴史的に「和」を大切にする国民ですから、同調行動が見られるのはごく自然な感じがしますが、個人主義と言われるアメリカのような国でも、同調行動は当たり前のように見られます。

なぜ私たちが同調してしまうのかというと、これはもう、そういうふうに**本能的にプログラム**されているとしか言いようがありません。

人類は、他の人と協力し、お互いに力を出し合って生活する社会性動物として何万年も過ごしてきましたから、周囲との和を崩《くず》すようなことは、本能的に避けるように進化してきたのだと考えられます。

「思い込み」がひたすら強化される

それって　確証バイアス

私たちは、「そうなるはずだ」と思い込んでいると、その**思い込みを裏づけるような（確証するような）事実ばかりに目を向ける**ようになります。そして自分にとって都合のいい事実ばかりを集めて、「やっぱり私が思った通りの結果になった」と満足するのです。

このような心の働きは、**「確証バイアス」**と呼ばれています。

ワシントン大学のデビッド・マーシュは、百八十六名の大学生にアカサンショウウオの生態を観察させる実験を行ないました。

なお、生きているアカサンショウウオ、あるいはアカサンショウウオのビデオを見てもらう前に、マーシュは、半数の学生に「メスのほうが凶暴」と伝え、残りの半数には「オスのほうが凶暴」と伝えておきました。

そういう思い込みを与えてから観察してもらうと、「メスが凶暴」と説明されたグループでは、「メスは他の個体によく噛《か》みついていた」などと答えました。「オスのほうが凶暴」と説明されたグループでは、「たしかにオスのほうが縄張りを守ろうとする意識が強そうだ」などと答えました。

まったく同じものを見てもらっても、最初に自分が聞いた話と一致するように、観察がねじ曲げられてしまうことが、明らかになったといえるでしょう。これが確証バイアスです。

「主観」が「事実を見る目」を曇らせるとき

今から百年前、二百年前の科学の実験では、確証バイアスがよく見られました。

自分の仮説を絶対的に信じ込んでいる科学者は、「自分の思った通りの結果になった」と報告するのですが、他の科学者が同じ実験を追試すると、まったくそのような結果にならない、ということが頻繁《ひんぱん》にあったのです。

科学的な研究では、そういうことにならないよう、今ではしっかりと予防策も講じられるようになっています。たとえば、仮説を知っている実験者は参加せず、仮説を知らないアシスタントに代わりに実験や観察を行なってもらう、などです。

確証バイアスは、人の好き嫌いでも見られます。

ある人のことが生理的に嫌いだと感じると、その人のイヤなところばかりをあら探しして、「ほら、やっぱりイヤなヤツだった」と結論するのです。その人にもいい点がまったくないわけではないでしょうに、そういう事実は目に入ってこなくなってしまうのです。

私たちは、客観的であろうとしても、そんなに客観的にはなれません。どうしても自分の思い込みというか、主観が邪魔をして、物事をゆがめて解釈してしまうものです。そういうところが自分にもあるのだ、ということを肝《きも》に銘《めい》じておけば、少しはまともな判断ができるかもしれません。

他人の「嫌がらせ」から心を守るしくみ

それって　心理的免疫システム

私たちの身体は、外界から入ってくる細菌やウィルスなどから、私たちを守ってくれます。目に異物が入れば、涙を流して追い出そうとしますし、ウィルスが体内に入ってくると、熱を出し、体温を上げることでウィルスを死滅させようとするのです。

こういう身体の働きを、免疫《めんえき》システムと呼びます。

ハーバード大学のダン・ギルバートは、同じようなシステムは心にもあるのではないかと考え、**「心理的免疫システム」**という用語を作りました。私たちは、自分の心がおかしくならないように、**わざと事実を曲げて解釈するなどして、心の平静を保っているる**というのです。

心は「自分に都合のいい解釈」をするのがうまい

たとえば、職場で上司に嫌がらせをされたとしましょう。

嫌がらせを受ければ誰でも心が痛みますが、こんなときには、心理的免疫システムが自動的に働くのです。

「このつらさを乗り越えられたら、私は人間として、ひと回り大きくなれるぞ」
「上司は、私を鍛えるための試練を与えてくれているに違いない」
「上司は、他の同期たちより、私に大きな期待をかけてくれているのだろう」

このようにゆがめて解釈することができれば、落ち込まずにすみます。

心理的免疫システムは、いろいろな理由をでっち上げて、私たちが傷つかないように、自信を持てるように働いてくれているのです。

身体の免疫システムについての本を読むと、「私たちの身体って、本当にうまくできているんだなあ」と感心してしまいますが、実は、心の免疫システムも身体の免疫システムと同じくらい、うまくできているのです。

失恋したときには、心理的免疫システムが「なあに、もっと素敵な人はいくらでもいるよ」と思わせてくれます。また、仕事で失敗したときには、「次はうまくできるようになるのだから、かえってラッキーだったよ」という考えを自然に浮かばせてくれたりするものです。


「いや、そうじゃない人だっているじゃないか！」と、反論したい読者もいると思います。ですが身体の免疫システムだって、うまく機能していない人はいっぱいいますし、心理的免疫システムもうまく働かない人がいないわけではありません。

それでも大半の人では、ある程度はうまく機能しているのではないかと思います。

「出世欲」は人間の基本的欲求？

それって ステータス仮説

「責任ばかり押しつけられるだけで、給料はそんなに上がるわけでもないから、出世や昇進なんてしなくていい」

最近は、そんな話をチラホラと耳にすることがあります。

ですが、そうはいっても、ホンネのところでは「出世したい」と思っている人のほうが、圧倒的に多いのではないかと思います。

また、「小さな家のほうが、掃除がラクだからいい」という人もいるかもしれません。ですが、できるなら「大きな庭のある大豪邸に住みたい」という人のほうが多いでしょう。

カリフォルニア大学バークレー校のキャメロン・アンダーソンは、私たちには食欲や睡眠欲などと同じような基本的欲求として、**「高い地位を手に入れたい」という欲求**があるのではないかという仮説を提唱しています。これを**「ステータス仮説」**といいます。

人は「快不快の原則」に抗えない

なぜ、人は高い地位を求めるのでしょうか。

高い地位に就いて称賛されたり、尊敬されたりすることは、心理的には自尊心が高まりますし、気持ちよさを感じさせてくれます。そういう心理状態が、身体的な健康度も高めてくれます。

心理的に気持ちよく、しかも長生きにもつながるので、人は高い地位を求める基本的な欲求を持つのだ、というのがアンダーソンの仮説です。

少しくらい給料が減ることになっても、高い地位を約束してくれる会社に転職したいと思うのも、自分の地位を脅《おびや》かすような優秀な部下の邪魔をして、自分のポジションを守ろうとするのも、ステータス仮説で説明できそうですね。

心理学の、ものすごく基本的な原理に**「快不快の原則」**というのがあります。

人間だけでなく、他の動物でもそうですが、自分に快をもたらしてくれるものにはどんどん近寄ろうとし、不快をもたらす刺激からはなるべく身を遠ざけようとするのが普通です。

快適な刺激（食べ物、香り、居住場所など）には近づき、不快な刺激（騒音や痛みをもたらすものなど）からは遠ざかるという傾向は、自分の生存確率を高めるための、ごく基本的な原理でしょう。

ステータス仮説は、この「快不快の原則」にも一致しますので、仮説というよりは、より一般性のある原理、原則といってよいのかもしれません。

「自分のこと」になると途端に目が曇る

それって　ソロモンのパラドックス

私たちは、他人のことであれば、わりと賢明で正しい判断ができるようです。でも、**自分自身のこととなると、ものすごく目が曇り、おかしな判断や決定を下してしまう**ことがあります。

この現象は**「ソロモンのパラドックス」**として知られています。

ソロモンというのは、古代イスラエル王国の王様の名前で、「愚か者の道は、自分の目には正しい」という名言を残しています。この名言にちなんだ用語が「ソロモンのパラドックス」です。カナダにあるウォータールー大学のイゴール・グロスマンによって名づけられました。

「他人事のように考える」練習が大切

グロスマンは、次のような実験でソロモンのパラドックスを検証しています。実験に集まってもらった参加者のうち、五十一名には「あなたの恋人が、親友と浮気をしてしまった」という場面を、五十三名には「友人の恋人が、親友と浮気をしてしまった」という場面をイメージしてもらいました。

すると、友人の恋人（つまりは他人）のこととして考えたグループでは、冷静な判断ができました。「こういうケースでは、状況をもっと理解するために、さらに情報を集める必要がある」「何か特別な理由があったのかもしれないと考えるべき」という判断ができたのです。

ところが、「自分の恋人が、自分の親友と浮気した」とイメージしたグループでは、こういう判断はできませんでした。とにかく感情的になりすぎて、恋人を責め、すぐに別れるのが正しい反応だと答えたのです。

何かの問題を考えるときには、自分自身のこととしてではなく、**他人事のように考えてみる**のもいいアイデアです。そのほうが、ベストな解決法が見つかる可能性が高くなりますから。

もし転職するかどうかで迷ったら、自分のことではなく、「他の人なら転職するだろうか？」と他人の立場で考えてみてください。

自分自身のこととして考えると、

「とにかく上司がイヤなヤツだから転職するのが正しい」

と性急に結論を出してしまうかもしれません。

でも、他人のこととして考えると、

「でも今の日本の状況では、すぐには転職先なんて見つからないかもしれないぞ。もう少し様子を見るのが得策では？」

などと冷静な判断ができるものです。

4章

心の強さは、どこから生まれるか

——不安・プレッシャーは力に変えられる

心の健康は「鈍感力」しだい？

それって　**コーピング神話**

現代はストレス社会。ストレスはそのまま放っておくと、どんどん蓄積していく性質がありますから、できるだけ解消していくのが望ましい、と一般的には考えられています。

ストレスに対処したり、解消したりすることを**「コーピング」**といいます。毎日、ジムやサウナに通って、汗を流して心をスッキリさせることは、「ストレス・コーピング」と呼ばれています。

「ストレスを感じたら、それを解消するのがよい」という考えは、理にかなっているように思えるのですが、逆に、**コーピングなどしないほうがいい**という考え方もあります。

こちらは**「コーピング神話」**と呼ばれています。コーピングをしようとすると、かえって事態を悪化させてしまうこともあるので（いつもではありません）、そのまま放っておいたほうがいいこともあるのだ、というのがコーピング神話です。

トラウマはあえて「放っておく」ほうがいい？

ニューヨーク州立大学のマーク・シーリーは、二〇〇一年九月十一日に起きた、アメリカの同時多発テロ事件の直後に、インターネットで募集した二千百三十八名を対象に調査を行ないました。彼らに「自分の感じたトラウマを他の人に話したか、それとも話さなかったか」を聞いてみたのです。

それから二年後に再調査し、「今でもトラウマを感じているか？」と尋ねてみると、なんと「話さなかった人」のほうが、トラウマを感じておらず、精神的にも健康であることがわかりました。

トラウマを感じたら、できるだけ他の人に話してスッキリさせましょう、というのがコーピングの基本的な考え方。ところが、シーリーの研究は、むしろトラウマを放っておいたほうが精神的に健康になれる、ということを示しています。

ストレスやトラウマを解消しようと懸命になるよりは、**むしろ少しくらい鈍感であるほうが、かえって健康的でいられる**ということもあるのです。

ストレスに対処する、つまりコーピングすることは、ストレスを強く意識することにつながります。そのため、ストレスのことが頭にこびりつき、頭から離れなくなってしまうのです。これが精神的によろしくないことは言うまでもありません。

健康診断もそうですね。健康診断を受けて、どこかの数値が少し悪いと、「自分は病気なのではないか?」「ひょっとするとガンではないか?」とかえって心配になるものです。

不安を減らすための健康診断ではなく、不安を高めるための健康診断になってしまっては、元も子もありません。健康不安が高じて居ても立ってもいられなくなるくらいなら、いっそのこと、健康診断などはじめから受けないほうがいい、という考え方もあるのかもしれません。

芋づる式に「メンタルを上向かせる」方法

それって　ディドロ効果

フランスの啓蒙主義思想家のドゥニ・ディドロは、あるエッセイを残しています。あるとき、ディドロのもとにプレゼントが届いたそうです。見ると、高級な部屋着（ガウン）でした。せっかくもらったので着ていると、そのうち自分の本棚がみすぼらしく見えてきました。

そこでディドロは、新しい本棚に取り替えました。すると、今度は椅子《いす》が気になってきて椅子も取り替えました。こうして次々と、机、タペストリーなども取り替えて、書斎がすっかり見違えるほど変わってしまった、というお話です。

この話にヒントを得て、カナダにあるゲルフ大学のグラント・マクラッケンは、一

つの変更がその人のライフスタイル全体に波及《はきゅう》することを「**ディドロ効果**」と名づけました。

「小さなこと」から気分も人生も一新！

読者のみなさんにも、そういう経験はありませんか。洋服を変えたら、髪型まで変えたくなってしまったとか、新しいマンションに住むようになったら、ついでに自動車まで買い替えたくなった、ということが。

私は、家を建てたときに、それまでの家具をそっくり処分してしまいました。冷蔵庫、テレビ、洗濯機、洋服ダンスなど、一切合切新しいものにしました。新築の家に合うようにです。自分でも気づかないうちに、ディドロ効果が起きたのでしょう。

うつになったり、気分が落ち込んだりして、カウンセラーのもとに相談に行くと、「明るいメイクに変えてみてください」とか「明るい色の洋服を着てみてください」とアドバイスされることがあります。

なぜそんなアドバイスがなされるのかというと、**何かを一つ変えると、その他のこ**

とにも変化が波及し、それによって気分が一新することもあるからです。これも言ってみれば、ディドロ効果でしょう。

ほんのちょっぴりライフスタイルを変えるつもりでも、その影響は一部にとどまりません。芋づる式に他のことにも波及するので、気がつくとライフスタイルがそっくり変わってしまうことも珍しくないのです。

自分を変えたいのであれば、まずは、ほんの小さなことを変えてみてください。

スリムな身体になりたいのなら、ものすごく軽いウォーキングを始めてみることです。ウォーキングが習慣化されると、ついでに他のエクササイズもやってみたくなり、食生活も改善され、気がつけばスリムな身体になっているかもしれません。こういうことはよくあります。

「死ぬ気で頑張る」と、どうなる？

それって　アドレナリン・ラッシュ

二〇〇〇年のシドニーオリンピックでは、トライアスロン競技の水泳で、自己ベストを更新する選手が続出しました。

ただ、その理由を聞くと笑ってしまいますよ。なんと「シドニー湾にはサメがいる」と思われていて、選手が死ぬ気で泳いだからなのです。

こういう危機的な状況においては、**「アドレナリン・ラッシュ」**という現象が起きます。

「これは一大事！」というとき、私たちの身体は、副腎《ふくじん》からアドレナリンというホルモンをどんどん分泌します。逃げ出そうというときにモタモタしていたら死んでしまいますから、これは非常に適応的な働きだといえるでしょう。

アドレナリンが分泌されると、心拍数が増え、血圧が一気に跳ね上がります。**それによってパフォーマンスが上がる**こともあるのです。

スポーツ選手にとっては、いかにアドレナリンを分泌するかが重要だったりするのですね。実力以上の力を発揮できる人は、たいていアドレナリン・ラッシュが起きていると考えて間違いありません。

ここまでの話だけを聞くと、「なるほど、アドレナリン・ラッシュの状態がいいわけだな」と思うかもしれません。でも、残念ながら話はそんなに単純ではありません。

何事も「ちょうどいい感じ」には敵《かな》わない

アリゾナ州立大学のベリンダ・ヒメネスは、アドレナリン・ラッシュは、ほどほどがよいと述べています。特に、歌手にとっては。

ライブのときに緊張したり、脅威を感じたりすると、アドレナリン・ラッシュが起きます。人前で歌うのは緊張しますからね。緊張すると、私たちの身体はその場から逃げ出す準備を始め、どんどんアドレナリンを分泌するのです。

ところが歌手は、自分の身体を楽器として使わなければなりません。ほどほどのアドレナリンであれば、よく声も出るようになるのですが、あまりにアドレナリンが分泌されると今度は呼吸が難しくなるので、パフォーマンスは悪くなってしまうのです。

こういうわけで、ヒメネスは、歌手にとってはアドレナリンを適度なレベルにコントロールすることが重要だと指摘しています。

結局のところ、**「ちょうどいい感じでプレッシャーを感じるくらいがよい」**といえるでしょう。

でも、その「ちょうどいい感じ」にするのがとても難しいので、私たちは困ってしまうわけです。物事は、なかなか思い通りにいきませんね。

「マッチョになりたい！」衝動のヒミツ
それって アドニス・コンプレックス

女性の多くは、できるだけスリムな体型を手に入れたいと思っています。ただし、その思いがあまりに極端になると、拒食症になってしまいます。

拒食症という言葉は、読者のみなさんも聞いたことがあると思います。

それでは、**「アドニス・コンプレックス」**という用語はご存知でしょうか。

こちらは、男性に多く見られる病気で、とにかくムキムキのマッチョになりたくてたまらない衝動に駆《か》られ、強迫的に筋肉を鍛えたり、ステロイド剤を飲んだりしてしまう病気のことです。

「アドニス」というのは、ギリシャ神話に登場する、美の女神アフロディーテに愛された美少年の名前。アドニスのような肉体になりたいという気持ちが極端に強くなりすぎると、アドニス・コンプレックスと呼ばれるようになるのです。

専門的に言うと、アドニス・コンプレックスは「身体醜形《しゅうけい》障害」に分類される病気だと言ってよいでしょう。

周りの人は全然そんなふうに思っていないのに、「私の鼻はカッコ悪いのではないか」「私は太りすぎではないか」と本人だけが強く思い込むことを「身体醜形障害」と呼ぶのですが、アドニス・コンプレックスはその一種だと考えられます。

筋骨隆々ボディビルダーの苦悩

アドニス・コンプレックスという用語は、ハーバード・メディカル・スクールのハリソン・ポープによる造語です。

ポープはその著書の中で、百四キロの筋骨隆々としたボディビルダーの男性が、「私の身体は小さすぎる」とコンプレックスに感じて外出できなくなってしまった、という事例を紹介しています。

かつて、美容整形を受けるのは八〇%が女性だと言われていました。女性にとっては、見た目がよいほうが何かとトクをするからでしょう。

ところが最近では、男性も見た目を気にするようになり、それと歩調を合わせるように、美容整形を受ける男性の割合も少しずつ増えています。

現代社会は、見た目が非常に重要だということは論を俟《ま》ちません。

そのためでしょうか、男性も女性も異様に自分の見た目を気にするようになり、男性はアドニス・コンプレックス、女性は拒食症に悩まされるようになってしまいました。

昔は、そういう病気は存在しませんでしたから、どちらも現代病と言ってよいかもしれません。

「病は気から」の心理的メカニズム

それって ノーシーボ効果

何かを口にして、一度でも吐いたりすると、もうその食材は口にできなくなる人がいます。

「また吐き気が起きるのでは」と不安になるからです。

そして、「吐き気が起きそう」と思いながらビクビクしてその食材を口にすると、その食材が腐《くさ》っているわけでも何でもないのに、やはり吐いてしまうようになります。

誰にでも、一つくらいは苦手な食材があると思うのですが、吐き気や蕁麻疹《じんましん》が起きてしまいそう、と思いながら食べると、本当にそういう症状が出てしまうので気をつけてください。

乗り物酔《よ》いもそうですね。

「バスに乗ると酔いそう」と思っている人は、バスに乗れば「やっぱり……」という感じで酔ってしまいますし、「船酔いしそう」と思いながら船に乗れば、ひどい船酔いに苦しむことになります。

本人の思い込みが、さまざまな症状を引き起こしてしまうこと、特にネガティブな現象を引き起こすことは**「ノーシーボ効果」**と呼ばれています。

副作用の心配をするほど副作用が出やすい

デンマークにあるオーフス大学のジッテ・ピーターセンは、砂糖や小麦粉を丸めただけの薬効成分のまったくない薬でも、**「副作用があるかもしれません」と告げてから服用してもらうと、本当に悪い副作用が出てしまう**ことを確認しています。

ピーターセンは、ノーシーボ効果について調べた十本の論文を総合的に分析し、ノーシーボ効果は確実に存在し、その効果は小さくないという結論を出しています。医療現場では、ノーシーボ効果が起きないように注意すべきだとも、ピーターセンは警告しています。

ちなみに、インチキな薬でも、「この薬はとても効きますよ」と告げられてから服用すると、本当に効いてしまうことがあります。

こちらのほうは**「プラシーボ効果」**と呼ばれています。プラシーボ効果のほうが有名ですので、読者のみなさんもどこかで耳にしたことがあるかもしれませんね。

プラシーボ効果のほうは、次の項目で詳しく見ていきましょう。

「効くと思ってトライ」するから本当に効く

それって　**プラシーボ効果**

最近のゲームアプリには「脳を鍛える」というものがあります。ゲームで遊びながら脳をトレーニングできるのですから、こんなによいことはありません。

いわゆる「脳トレ」のゲームは、〝科学的にも実証されている〟という謳い文句が掲げられていることが多いのですが、本当に効果などあるのでしょうか。

アメリカにあるジョージ・メイソン大学のサイラス・フォローギは、脳トレに効果が見られるのは、単なる**「プラシーボ効果」**ではないか、と疑っています。

「このゲームは脳に効くんだ！」と思いながらプレイするから、記憶力が高まったり、

認知力が高まったりするのであって、ゲームそれ自体には本当は効果などないのではないかというのです。

「脳トレが効果アリ」ということを示す研究は、たしかに存在するのですが、それは「脳を鍛える実験だよ」ということを参加者に教えて募集するから、そういう結果が得られているだけなのかもしれません。

「自己暗示の効果」はあなどれない

そこでフォローギは、「脳トレで頭をよくしよう！」と大きな文字で書かれたビラで参加者を募集するとともに、比較のために、脳トレの効果については一切書かずに、「実験に参加してお金をもらおう！」と書かれたビラでも募集しました。

どちらの参加者にも一時間の脳トレをしてもらい、その後に知能テストを受けてもらいました。すると、「脳トレで頭をよくしよう！」というビラで募集した参加者のほうに、知能の高まりが確認されました。

同じトレーニングを受けても、「お金をもらおう！」というビラで集まった人たちには、知能の高まりは確認できませんでした。つまり、**脳トレの効果はプラシーボ効果の可能性が高い**ことが示唆《しさ》されたのです。

インチキな薬やサプリメントでも、本人が効くと思えば、本当に効果が出てきてしまうことがあります。「脳トレ」についても、それと同じなのかもしれません。

もちろん、同じゲームを楽しむのであれば、「これは脳に効くんだ！」と思いながらプレイしたほうがいいに決まっていますので、**自分にうまく暗示をかけてプラシーボ効果を引き出したほうがいい**でしょう。

ゲームでも、漫画でも、映画でも、何かを楽しむときには、「脳のトレーニングができる」と思い込むといいかもしれませんね。そうすればプラシーボ効果によって、楽しみながら脳も鍛えられますから。

「つらい経験」を糧にできる人

それって トラウマ後成長現象

小さな頃に親から虐待《ぎゃくたい》を受けたり、性的暴行を受けたりすることで、精神的な外傷を負うことを**「トラウマ」**と呼びます。苦しい記憶がフラッシュバックし、いつまでも苛《さいな》まれるのです。

トラウマは、その人に大変な苦痛を与えます。

トラウマなど感じずに平穏無事に生きていけるのなら、こんなによいことはありません。ですが、トラウマがある人は、必ずその後の人生がめちゃくちゃになるのかというと、そうとも言い切れません。

トラウマがあること自体は悲惨なことであっても、それを乗り越えることで、**人生の意味を強く感じられる**ようになったり、精神的に強くなれたりすることもあります。ノースカロライナ大学のリチャード・テデシは、これを**「トラウマ後成長現象」**と名づけました。トラウマは、人を成長させる働きをすることがあるのです。

●「メンタリティの強さ」の決め手

ワシントン大学のカーチス・マクミレンは、子どもの頃に親から虐待を受けた女性百五十四名を対象に、調査を行ないました。虐待を受けたことについて質問し、その体験について「まったく糧《かて》にならなかった」と思うのなら○を、「少しは糧になった」なら一を、「極めて糧になった」のであれば二を選んでもらったのです。

すると四六・八%の女性は、一か二を選びました。

虐待を受けることは悲惨なことであったはずなのに、それでも半数近くの人は、子どもの頃に虐待を受けたことを糧にして生きていたのです。二四%は「極めて糧になった」とさえ答えていました。

彼女たちは、「人間関係に慎重になることができた」「自分が親になったとき、子どもを守れるようになった」「強い性格が手に入った」などと評価していたのです。

もし読者のみなさんが、人生において、トラウマを感じるような出来事に巻き込まれることがあったとしても、どうか人生を悲観しないでください。「もう生きていてもしかたがない」などと思わないでください。

人は、どんな逆境も乗り越えることができます。そして、逆境を乗り越えることで人間的に成長します。

交通事故に遭ってしまうとか、何年も付き合った恋人に振られるとか、自分の会社が倒産するといった出来事は、たしかに精神的に大きな苦痛を与えるでしょう。

しかし、だからといって、人生を投げ出したりはしないように。

「この逆境を糧にして、さらに私は幸せになってやる」と思えたら、一回りも二回りも成長した自分に出会えるはずです。

それって　プライミング効果

「顕在意識の働かないところ」で下される判断

ちょっと見聞きした話に、その後の判断や行動が影響を受けてしまうことがあります。これを**「プライミング効果」**といいます。「プライム」というのは、「起爆剤」という意味です。

たとえば、レストランでたまたま隣に座った人たちが、ダイエットの話をしていたとします。別に聞く気はなくとも、その話は勝手に耳に入ってきます。

こういう場合、自分では特に意識しているつもりはなくても、なぜかヘルシーなメニューを注文してしまうとか、スイーツを食べたいのに今日はちょっとガマンしておくとか、行動を変えてしまうことがあります。だとしたら、隣の人たちの話が、プライミング効果を引き起こしたと考えられます。

ほんのちょっとした刺激が、その後の行動を無意識のうちに変えるのですから、考えてみると、これは非常に怖いことですよね。

きっかけは「行動」のずっと前にある

ニューヨーク大学のジョン・バルフは、大学生にお年寄りについて考えさせると、まるでお年寄りになってしまったかのように、歩くスピードが遅くなってしまうことを実験によって確認しています。

バルフは、三十名の大学生を二つのグループに分け、片方には「シワ」や「白髪《しらが》」といった、お年寄りに典型的な特徴の単語を使って、短い文章を作らせるという作業を求めました。

比較のために、もう一方のグループには、「のどの渇《かわ》き」「清潔さ」といったお年寄りとは結びつかない単語を与えて、文章を作ってもらいました。

そして、その作業が終了したところで、参加者たちは、実験室から外に出て十メー

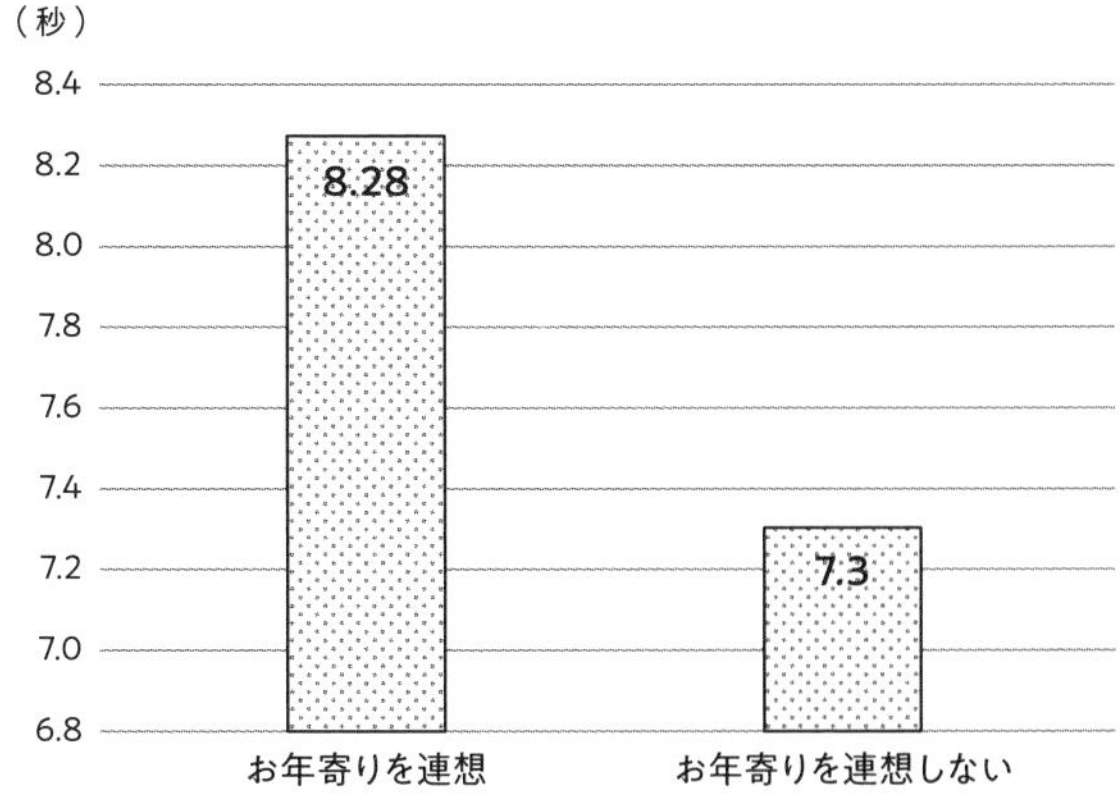

お年寄りについて考えていると、歩くスピードも遅くなる

（出典：Bargh, J. A., et al., 1996）

トルほどの廊下を歩きました。その廊下を歩くのに要した時間を実験者がこっそり測定したところ、上のような結果になったのです。

お年寄りについて意識させられると、歩く速度がゆっくりになってしまっていることがわかりますね。

「若く見られたい」からといって、アンチ・エイジングの本を読んだり、加齢について考えたりしていると、プライミング効果によって、かえって老けてしまうこともあるかもしれません。

ですから、「考えすぎないようにする」ことも大切です。

存在しない「呪い」にかかってしまうとき

それって　バスカヴィル家の犬効果

シャーロック・ホームズで有名なアーサー・コナン・ドイルの小説の一つに『バスカヴィル家の犬』というのがあります。ある日、大富豪のバスカヴィル家で、当主チャールズ・バスカヴィル卿が不可解な死を遂げます。遺体に外傷はなく、誰かと争った形跡もないのです。

一方で、バスカヴィル家には、昔から「魔犬伝説」が伝えられていました。一族は恐ろしい魔犬に呪われていて、誰も幸せな最期を迎えられないというのです。チャールズ卿は、本当に呪いで死んでしまったのか……とストーリーが動き出す小説です。

私たちは、身体的な異常は何もなくとも、いきなり突然死してしまうことがあります。そして、**「自分は誰かに呪われてしまった」と思い込むと、チャールズ・バスカヴィル卿のように本当に心臓が止まってしまう**ことがあるのです。この現象を**「バスカヴィル家の犬効果」**といいます。

●「自己暗示」ほど強い予言はない

カリフォルニア州立大学サンディエゴ校のデビッド・フィリップスは、バスカヴィル家の犬効果が、明確な事実であることを、アメリカの死亡統計をもとに確認しています。フィリップスは、まず日本人と中国人が「四」という数字を不吉なものと考えることに注目しました。

もし、日本人と中国人が「四」に不吉さを感じるのであれば、「四」のつく日付には、心不全などの突然死が多く見られるのではないか、という仮説を立てたのです。

そこで一九七三年一月一日から、一九九八年一二月三十一日までの、日本人と中国人の死亡統計（約二十万人分）と、白人（約四千七百万人分）のそれとを分析してみたところ、たしかに日本人と中国人では、「四」のつく日付（四日、十四日、二十四日）に、心不全による死亡が、他の日に比べて一三％も増加することがわかりました。日本人と中国人の多いカリフォルニア州では、二七％もの増加が見られました。四という数字にまったく不吉さを感じない白人では、こういう増加は当然ながら見られませんでした。

私たちは、**思い込みで死んでしまうことがある**のです。

「私は早死にするかもしれない」などとは、間違っても思わないほうがいいでしょう。そんなふうに思い込んでいると、本当に心臓が止まってしまうことがあるのですから。

史上最も人気だったミュージシャンの一人で、キング・オブ・ロックンロールと称されたエルビス・プレスリーの母親は、四十代に心臓発作《ほっさ》で突然死しました。

母のことが大好きだったプレスリーも、若い頃から「自分も母親と同じように早死にするだろう」と怯えていたそうです。そういう思い込みがあったせいなのかどうかはわかりませんが、プレスリーも四十二歳の若さで心臓発作によって突然死しました。

まさしく「バスカヴィル家の犬効果」を証明するような事例ですので、ちょっと怖い気がしますね。

「やらなかった後悔」がいつまでもくすぶる理由

それって　ゼイガルニク効果

何かを途中でやめてしまったときの記憶は、すっかり完了したときの記憶よりも残りやすい傾向があります。

この傾向は、リトアニア出身で旧ソ連の心理学者ブリューマ・ゼイガルニクが発見したので**「ゼイガルニク効果」**と呼ばれています。

頭のいいカフェの店員は、大勢のグループのお客が注文したメニューを、メモをとることもなく記憶できるかもしれません。「こちらのお客様にはピラフ、あちらのお客様にはパスタ……」というように、きちんと料理を出すことができます。

ただし、その店員も覚えていられるのは、料理を出すときまで。料理を提供し終わったところで、「さっきのお客様は何を注文しましたか？」と聞いても、おそらくは答えられないでしょう。

「料理を出すまで」は記憶できていることも、「料理を出し終わった」途端に、忘れてしまうのです。これがゼイガルニク効果。

読者のみなさんも、同じことをおそらく経験していると思います。

たとえば、学生だったとき。

試験前には、しっかり覚えていた英単語や化学式なども、試験が終わればすっかり忘れてしまいます。「試験がまだ終わっていない」という未完了状態のときには覚えていられるのですが、終わってしまえば、きれいに頭から抜け落ちるのです。

「いつまでも記憶に残る」のは失恋？　片想い？

コーネル大学のケネス・サヴィッキーは、「未完了の行動は記憶に残りやすい」というゼイガルニク効果に基づいて、もしゼイガルニク効果が正しいのなら、**やった後悔よりも、やらなかった後悔のほうがずっと尾を引く**のではないか、と考えました。

好きな人に告白しようかどうか迷って、最終的には告白した人がいるとします。この人は、告白の結果が思わしくなかったとしても、後悔はするかもしれませんが、その後悔は相対的に小さいのではないかと考えられます。

逆に、告白しようかどうか迷っていて、「告白しない」を選択した人がいるとしましょう。この人の感じる「やっぱり告白しておけばよかったかも……」という後悔は、先ほどの人に比べると相対的に大きくなるはずだ、というのがサヴィッキーの仮説です。

やらなかった行動は、やった行動に比べて、いつまでも記憶に残って本人を苦しめるだろうというのです。

そこでサヴィッキーは自分の仮説を検証するため、電話帳から無作為に抽出した番号に電話をかけ、インタビューに応じてくれた百十四人に、「あなたの人生における最大の後悔は?」と尋ねてみました。

その結果、百十四人中六十九人(六〇・五%)は、できなかったこと、やらなかったことを最大の後悔と答えることがわかりました。やったことに対して後悔している人は三九・五％だったのです。

この傾向は、インタビューに答えてくれた人の年齢にも関係していました。年齢を上位四分の一（六十二歳以上）の人に限定して分析すると、やらなかったことを後悔する割合は六九・〇％と大きくなったのです。

何かをやるか、やらないかで迷ったときには、**「とりあえず、やってみる」のが心理学的には正解**です。やった結果うまくいかずに後悔することはあるかもしれませんが、そんなことはそのうち忘れるので心はスッキリします。

「やらない」を選択してしまうと、悶々《もんもん》とした気持ちがずっとくすぶり続けますから、迷ったときにはとりあえず「やってしまう」ようにするといいでしょう。

5章

心理現象を知れば頭までよくなる？

――モチベーションを左右しているもの

「期待される人」ほど成果が出る

それって　ピグマリオン効果

ギリシャ神話にピグマリオンという名の王様がいます。

ピグマリオン王は、現実の女性に幻滅して、自分の理想通りの女性の像を作らせ、ガラテアと名づけました。

そのガラテアを愛するあまり、ピグマリオン王はどんどん衰弱していきます。その姿を見て不憫《ふびん》に思った女神アフロディーテは、ガラテアの像に生命を吹き込んであげたのです。こうしてピグマリオン王は、ガラテアと結婚できました。

「ピグマリオン効果」とは、ピグマリオン王が願い続けた結果、ガラテアが人間になったというエピソードに基づく心理効果のことで、**他者から期待を受ければ受けるほ**

ど、その期待に添って成果が出ることをいいます。

たとえば、**学校の先生が「こいつは、伸びるぞ！」と思っていると、不思議なことに、その生徒はぐんぐん学力を向上**させていきます。ピグマリオン効果という用語は、「教師の思い込みが現実化する」という意味で使われることが多いようですね。

ただし、この現象には呼び名がたくさんあって、**「ガラテア効果」**や**「教師期待効果」**と呼ばれることもあります。

学校の担任が変わるとき、前任の先生は、後任の先生に、生徒の評価を渡します。このとき、前任の先生が、「こいつは期待できる」というコメントをつけていると、後任の先生は、そういう色メガネでその生徒を見るようになります。そのため、期待できる生徒には、励ましの言葉や勇気づけの言葉を、他の生徒よりもたくさんかけてあげることにつながります。

すると生徒のほうも、先生に期待されていることを敏感に感じ取って嬉しくなり、「先生の期待に応えなければ！」と奮起し、勉強に精を出します。

その結果として、本当に成績が伸びるのです。

「色メガネ」で見られることは、あなどれない

ヘブライ大学のエリシャ・ババッドは、二十六名の物理の先生（十三名ずつの男女の先生）について調査し、先生たちが前任の先生から受け取った評価通りの色メガネで生徒を見てしまうことを突き止めています。

前任者が、ウソでもいいから好ましいコメントをしていれば、ピグマリオン効果が働いて、その生徒は伸びていくでしょう。

職場でも同じで、上司が部下を好ましい目で見てあげれば、本当に部下はめきめきと力をつけていくかもしれません。

一方で、ピグマリオン効果は、逆に作用することもあります。

「こいつはどうしようもない人間だよ」「こいつは死んでも直らないよ」という目で見られていると、その人は、なぜかロクでもない人間になっていくのです。

こちらのほうはネガティブなピグマリオン効果で、「ゴーレム効果」と呼ばれることもあります。

緊張で記憶がぶっ飛んでしまう

それって　次は私だ効果

ミシガン大学のマルコム・ブレナーは、八十八名の学生を二十二名ずつのグループに分け、それぞれのグループに大きな円陣《えんじん》を作ってもらいました。

その円陣の真ん中にテーブルを置き、その上にカードを置きました。

参加者が求められたのは、一人ずつ順にそのカードをめくり、カードに書かれた単語を声に出して読み上げて、みんなに聞かせること。

さらに、参加者はその間、自分が読み上げた単語と、他の参加者が読み上げた単語の両方を記憶するよう求められました。

すべての参加者が単語を読み上げたところで、記憶のテストをしました。

すると、さすがに自分の読み上げた単語は、約九割の人が覚えていました。一方、他の人が読み上げた単語は、そのうちのだいたい三割しか覚えていませんでした。最も記憶率が悪かったのは、自分が読み上げる「直前の人」の単語。これを覚えている人は、一割にすぎなかったのです。

「次は私がカードを引く番だ」となるとそれが気になり、直前の人が読み上げる単語には注意が向かなかったのです。

ブレナーは、この現象を**「次は私だ効果」（ネクスト・イン・ライン効果）**と名づけています。

「うわの空」になりがちなときほど要注意

初めて顔を合わせる人たちが、順番に自己紹介していく、という状況を考えてみましょう。学校に入学したばかりの一年生、あるいは新入社員の集まりなどでよく見る光景ですね。

人の顔と名前を覚えることはとても大切なので、できれば全員の名前を覚えたいところ。

　ところが、**自分の直前の人の名前だけは覚えられない**と思います。「次は私が自己紹介をする番だな」と思うと、直前の人の自己紹介は、うわの空で聞いてしまうことになります。

「次は私だ効果」を避けるためには、自分の直前の人の自己紹介のときには、他の人以上にしっかりと記憶しよう、と気を引き締めなければなりません。そうしないと覚えることができませんから。

　会議で一人ずつ意見を求められるときも、自分の番が気になると、他の人の話をちゃんと聞くことができなくなるので気をつけてください。自分が何を話すかを頭の中で考えることも大切ですが、人の話を聞くことは、もっと大切ですから。

ピアノを習うなら何歳までがいい？

それって　**臨界期**

「ピアノを習うなら、三歳までに始めるのがいい」とか「五歳までがいい」などと言われています。研究者によって、多少のばらつきはありますが、習い事を始めるのに適しているのはとにかく「年少の頃」という点では一致しています。

たとえば、音楽を習う場合、なぜ幼いうちに始めるべきなのかというと、その時期を過ぎると、絶対音感などを養うのが難しくなるからです。

もちろん、大人になってもピアノは習うことができますが、**習うのに適した時期**というものがあり、そういう期間のことを心理学では「**臨界期**《りんかいき》」と呼んでいます。

臨界期を過ぎると、学習は不可能ではなくとも、難しくなるのです。

「刺激を与える」のに適した時期

ハーバード・メディカル・スクールのデイヴィッド・ヒューベルは、臨界期に関する研究でノーベル賞を受賞しています。その研究をご紹介しましょう。

ヒューベルは、生後三週間から五週間の二十一匹の子猫を、眼球に傷をつけないように慎重に左目のまぶたを縫《ぬ》いつけて、目が開かないようにしました（実験とはいえ、ちょっとかわいそうですね）。

さて、その子猫たちが生後六カ月になったとき、縫いつけた糸を抜いて、再び目が開くようにしました。

ところが、脳の視覚野が刺激を受けていなかった子猫は、左目が完全に見えなくなっていたのです。

視覚野の機能が完ぺきに備わっていても、生まれてからすぐに刺激を受けないと、その後は、視覚が発達しなくなってしまうのです。**臨界期を過ぎてから刺激を与えて**

も、もう手遅れなのですね。

ただし、動物とは違って、人間の場合は、臨界期を過ぎても、完全に学習ができなくなるわけではないこともわかっています。

たとえば、言葉の学習。

幼い子どもは、日本語はおろか、他の言葉もスイスイと覚えてしまいます。言葉の学習にも、臨界期はあるようなのです。

とはいえ、大人になってからでは第二言語の習得が不可能かというと、そんなこともありません。たしかに言語の習得は難しくなりますが、本人の努力しだいでは、ネイティブ並みの会話力を身につけることもできます。

私たちの脳は、非常に柔軟なので、**臨界期を過ぎても新しいことをどんどん身につけることができる**ようなしくみになっているのです。

「苦手意識」はこうして作られる

それって ステレオタイプ脅威

「女性は数学が苦手」

「運動選手は、頭のほうはイマイチ」

これらは、まったくの思い込みにすぎません。

根拠がないからです。

ところが、多くの人は、これらの言説が事実だと思い込んでいます。

こういう誤った思い込みのことを、心理学では「ステレオタイプ」と呼ぶのですが、
本人が強くそう信じ込んでいると、困ったことに、本当にそのステレオタイプ通りの

ことが起きてしまうことがあります。

この現象は**「ステレオタイプ脅威」**と呼ばれています。

「思い込み」を外すと苦手は消えていく

スタンフォード大学のトーマス・ディーは、八十四名の大学生にＧＲＥというテストを受けてもらいました。

これは、アメリカで、文系、理系を問わず修士号、博士号を取得するのに必須とされるテストです。

なお、八十四名の大学生のうち、ほぼ半分（四四％）は運動部に所属していたのですが、試験を受けてもらう前に、次のような質問をしてみました。

「あなたはＮＣＡＡ（全米大学体育協会）のメンバーですか？」

「種目は何をやっているのですか？」

「週にどれくらい練習していますか？」

このような質問をすることで、運動部に所属している学生には、「運動選手であること」を強く意識させたのです。

どうしてこういう質問をしたのかというと、「運動選手にはおバカさんが多い」というステレオタイプを顕在化《けんざいか》させるため。

さて試験の結果はというと、運動部に所属している学生ほど、本当に成績が悪くなってしまうことが判明しました。

おかしな思い込みをしていると、それが現実になってしまうことがあるので要注意。

「私は女性だから、数学ができない」
「私は男性だから、料理が苦手」

などと思っていると、それが現実化してしまうので気をつけてください。

人間の思い込みの力は、私たちが思っている以上に強力なのですから。

「境遇が近い人」の成功に奮い立つ心理

それって　オバマ効果

黒人と白人の学力を比較すると、黒人のほうが低い傾向があります。黒人自身、「どうせ私はそんなに頭がよくない」と思い込んでしまっているのが、その一因です。ですが、それは誤った思い込みにすぎません。

本人が、「私だって、やればできるんだ」という気持ちを強めることができれば、学力もアップします。

サンディエゴ州立大学のデイヴィッド・マルクスは、アメリカの歴史の中で初めて黒人の大統領が誕生しようというとき、多くの黒人が勇気づけられ、**「私だって、やればできる」という気持ち**を強めるのではないかと考えました。

そこで、バラク・オバマが民主党代表に指名され、歴史的なスピーチをした直後に、文章理解、類推、文章完成などの試験を、黒人と白人の学生に受けてもらったのです。

すると、平均点は次のような結果になりました。

	黒人	白人
スピーチを見た	十・三二	十二・一一
スピーチを見ていない	六・七八	十二・六五

＊試験は二十点満点
（出典：Marx, D., et al., 2009）


「オバマのスピーチを見た」というグループでは、黒人と白人の学力の差が縮まっていることがわかりますね。オバマに勇気づけられた黒人は、前項で紹介した「ステレオタイプ脅威」の呪縛から逃れることができたのです。スピーチを見ていなかった学生には、ステレオタイプ脅威による成績の低下が見られました。

マルクスは、オバマが第四十四代大統領に就任した直後にも、同じ試験を実施してみたのですが、今度は黒人の平均点が九・八三点、白人の平均点は十一・一九点と、さらに差が縮まっていることがわかりました。

マルクスは、**自分と同じグループに属する人に奮起されて、自分も勇気づけられる**現象のことを**「オバマ効果」**と名づけています。

WBCで侍ジャパンが打ち壊したもの

二〇二三年のWBC（ワールド・ベースボール・クラシック）では、侍ジャパンが、世界の強豪国を相手に、劇的な勝利をあげて見事優勝しました。その**日本代表の姿を見て、多くの日本人が勇気づけられた**と思います。これもいわばオバマ効果でしょう。

「日本人は身体が相対的に小さく、体格の点で欧米人に劣るのだから、スポーツでは勝てるわけがない」というのは、単なる思い込み、誤ったステレオタイプにすぎません。日本代表の勝利は、そういうステレオタイプを打ち壊すのに、とても役に立ったのではないかと思います。

「生命に直結する学習」は一発で完了
それって　ガルシア効果

学習には、大変に時間がかかるものです。

歴史年表や英単語、数学の公式などの勉強を思い出してもらえればわかりますが、何度も何度も、うんざりするほど紙に書いたり、口に出して唱えたりしないと、覚えられません。相当な時間をかけて努力しないと、学習できないのです。

身体的な学習でも、やはり時間がかかります。自転車の乗り方を覚えるのも、水泳を覚えるのも、鉄棒の逆上がりを覚えるのも、一回で覚えてしまった、という人はまずいないでしょう。

膝《ひざ》をすりむき、溺《おぼ》れかけ、手にマメを作りながら、努力に努力を重ねて、本当に

「ようやく」という感じで学習できたのではないかと思います。

ところが、たった一回の経験で、学習が成立してしまうことがあります。

どんなに物覚えの悪い人でもです。

それは、**食べ物についての学習**。

何かを食べた後、気持ちが悪くなって吐いてしまったりすると、たった一回しか経験していないのに「二度と食べない」ということを、人は学習してしまうのです。

このような現象は、発見者のジョン・ガルシアの名前をとって**「ガルシア効果」**、あるいは**「味覚嫌悪学習」**と呼ばれています。

「味覚に対する学習」は相当に強力

毒のあるキノコや魚を異常を感じないまま食べ続けては、人は死んでしまいます。

そのため、**人は、おかしなものは二度と食べないように進化**してきました。生命にかかわることですので、何度もくり返し食べて学習するわけにはいきません。一回で学習できない人は生命を落としてしまうので、そういう人の遺伝子はどんどん淘汰《とうた》されてきたのだと考えられます。

食べてすぐに吐くのではなく、少し時間が経《た》ってから吐いたのだとしても、「二度と食べない」ということは学習されます。

イエール大学のリチャード・クレインは、ネズミに好物の砂糖水を飲ませ、三分半経ってから電気ショックを与えるという実験を行ないました。すると、電気ショックを与えられたネズミは、もう二度と砂糖水を飲まなくなったという報告をしています。**ガルシア効果は相当に強力**なのです。

私の経験を書きますと、私は、サバを食べて数時間後に蕁麻疹が出たことがあり、それ以来サバが食べられなくなってしまいました。

それまでは普通にサバを食べることができたのですが、その日は、体調が悪かったなどの理由で蕁麻疹が出たのだと思われます。それでもなんとなく怖いので、今でもサバが食べられません。

「余計な知識」が徒《あだ》になるとき

それって　**レス・イズ・モア効果**

目撃者がたくさんいて、いろいろな証言が集まれば集まるほど、犯人逮捕は容易になるように思えます。ところが実際には、情報が集まりすぎると、かえって警察は混乱してしまい、捜査が難しくなってしまうこともあるのです。

一九六八年の、有名な「三億円事件」では、まさにそういうことが起きました。市民からの情報提供が多すぎて、警察も大混乱し、結局は犯人を逮捕できませんでした。

逆説的ながら、**「少ないほうが、かえってよい」**ということがあります。情報や知識は、豊富にあると逆に困ることもあるのです。これを**「レス・イズ・モア効果」**といいます。

たとえば、ある問題を解くとき、常識的に考えれば、知識があればあるほど正しい答えを導き出せそうなものですが、知識がありすぎることで、かえって惑わされて、誤ってしまうこともあります。

「中途半端にいろいろ知っている」の弊害

マックス・プランク研究所のダニエル・ゴールドスタインは、ドイツ人とアメリカ人に、「サンディエゴ（カリフォルニア州）とサンアントニオ（テキサス州）では、どちらの人口が多いと思いますか?」と聞いてみました。

ドイツ人は、アメリカについてあまり知識がありません。ですから、聞き覚えがあるかどうかで判断したのです。たとえば、次のように。

「『サンディエゴ』という都市の名前は、どこかで聞いたことがあるけど、『サンアントニオ』という都市は聞いたことがないな。私でさえ名前を知っているくらいなのだから、サンディエゴのほうが大きな都市なのではないだろうか。だとしたら、人口も多いはずだ」

このような推論によって、ドイツ人は一〇〇%がサンディエゴを選び、正解しました。

では、アメリカ人はというと、中途半端にいろいろな知識があるだけに迷ってしまい、三分の二しかサンディエゴを選びませんでした。

アメリカ人は、ドイツ人に比べると、アメリカの都市の人口を答えるのには有利なように思えますが、フタを開けてみると、ドイツ人よりも正解者は少ないという結果になってしまったのです。これが、レス・イズ・モア効果です。

ある業界で長く働いていると、その業界の慣習というか、しきたりにどっぷりつかってしまって、かえって革新的なアイデアを出せなくなってしまうことがあります。

そのため、異業種から参入してきた企業に、不覚にもシェアを奪われてしまうこともあるのです。

ごく一般的な話をすると、知識はないよりはあったほうがいいに決まっています。ですが、**ときに「知識がありすぎる」と困ることもある**ということは、心にとどめておかなければなりませんね。

勉強ができる人ほど病みやすくなる？

それって　医学生症候群

「知識があるのも考えもの」というお話をしましたが、知識があるばかりに余計な問題を抱え込むという意味では、**「医学生症候群」**もその一つ。

医学生は、医師になるため、たくさんの病気とその症状を学ばなければなりません。ところが、病気の勉強をすればするほど、なんとなく病気の症状が自分にも当てはまるように感じてしまい、**「ひょっとして、私も病気なのでは？」**と思うようになってしまうのです。

これが「医学生症候群」。**「インターン症候群」**という名前で呼ばれることもあります。

リスクに敏感になりやすくなる心理

サウジアラビアにあるタイフ大学のサミヤー・アルサガフィは、医学生百九十五名と、他学部の二百名に、自分はどのような病気にかかるリスクがありそうかと尋ねました。

その結果、医学生のほうが、糖尿病、高血圧、頭痛、ガンなどの病気に「自分もなりそうだ」と思っていることが明らかになったのです。

勉強することは大切ですが、医学に関していうと、**勉強すればするほど病気に怯えやすくなってしまう**、という厄介な問題を抱えることもあるのです。

実を言うと、心理学の勉強でも同じ現象が観察できます。特に、カウンセリング心理学や臨床心理学を勉強していると、そうです。

カウンセラーやセラピストになることを志望する人は、「心の病気」の勉強をしなければなりませんが、さまざまな心の病気を学べば学ぶほど、なんとなく自分にもその症状が当てはまるように感じて、心が病んでいるように感じてしまうのです。「あれっ、玄関のカギをきちんと閉めてきたかな?」と気になると、すぐさま「強迫神経症」という言葉が頭に浮かんでしまう、といった具合です。

戸締りの用心をするのはごく当たり前のことなのに、そういう用心をしている自分が病気のように感じられてしまうのですね。医学生症候群とまったく同じ問題を、心理学を学ぶ学生も抱えることがあるのです。

心理学の本を読むのはとても面白いと思いますが、こういう問題が起きることもないわけではありませんので、注意しなければなりませんね。

「一度に覚えられること」はそう多くない

それって マジカルナンバー4

項目の見出しを見て、「あれっ、〝マジカルナンバー7〟じゃないの？」と思った人は、すでにどこかで心理学の勉強をされている人でしょう。**「マジカルナンバー7」**のほうは、たいていの心理学の教科書に載っていますからね。

私たちが、いっぺんに記憶できる容量のことを「短期記憶」と呼ぶのですが、その容量はだいたい七つくらい。人の名前でも、英単語でも、歴史年表でも、郵便番号のような数字でも、普通の人は、一度に七つくらいしか覚えられません。これを「マジカルナンバー7」と呼ぶのです。

たいていの人は、「ふぅん、七つか」と疑問もなく受け入れると思いますが、私は違いました。

大学時代に初めてマジカルナンバー7についての講義を受けたとき、「本当に、いっぺんに七つも覚えられるのかな?」と思った記憶があります。私は物覚えが悪いので、いっぺんに七つも覚えられる自信がなかったのです。

読者のみなさんは、どうでしょう。たとえば、次の数字やアルファベットの並びをさっと眺めて、すべて記憶できますか。

6 8 2 1 9 5 3

G Q F X B Z H

私はムリですね。メモでもとっておかないと、覚えられません。

緊急の電話番号が三ケタの理由

同じような疑問を、ミズーリ大学のネルソン・コーワンも抱いたらしく、改めてきちんと調べ直してみたのですが、やはり七つも覚えられませんでした。コーワンが出した結論は、**「マジカルナンバー4」**。**普通の人がいっぺんに覚えられる連続する数字は三つから五つまでで、平均すると四つ**だったのです。

マジカルナンバー7というのは、かなり優秀な大学生が実験に参加したから出てきた数字なのかもしれません。その辺りの事情はよくわかりませんが、ともかく人間が覚えられるのは、七つよりももっと少ないと思われます。

電話会社は、人間の記憶の容量がそんなに大きくないことをわかっているようで、緊急の電話番号はだいたい三ケタですよね。マジカルナンバー4よりも一つ減らしています。警察に電話するときは「一一〇」、救急車を呼びたいときは「一一九」です。

つまり、これくらい簡単でないと、私たちは覚えられないのです。

「主体的に取り組む」ほど学習効果UP

それって　自己生成効果

市販の英単語の本を買ってきて、ただ読むだけの勉強をするよりも、自分で単語帳を作って一つひとつの単語を紙に書き出してから覚えるようにしたほうが、たくさんの単語を覚えることができます。

教科書を読むときにも、ただ単に読み進めていくのではなく、重要な箇所を黒く塗《ぬ》りつぶして、見えない箇所に何が入るのかを考えながら読んだほうが、学習は促進されます。

数学でも、物理でも、既存の問題集を漫然《まんぜん》と解いていくだけでなく、自分で問題を作ってみるのもいい考えです。

そのほうが、よりしっかり覚えられるでしょう。

こうした現象は、**「自己生成効果」**と呼ばれています。

自分から積極的に何かしらの行動に出るほうが、受け身で勉強するよりも、学習効率がアップするのです。

「手間」をかけた分の効果は必ずある

オハイオ州にあるオバーリン大学のパトリシア・デウィンスタンレイは、四十四名の大学生を半々に分け、片方のグループには、心理学の教科書をただ単に読んでもらいました。

別のグループには、文章中の単語の一部が欠けていて、自分で正しい単語を推測して補いながら読んでもらいました。

それから教科書の内容についてどれくらい覚えているかをテストしてみると、正答率は次ページのようになりました。

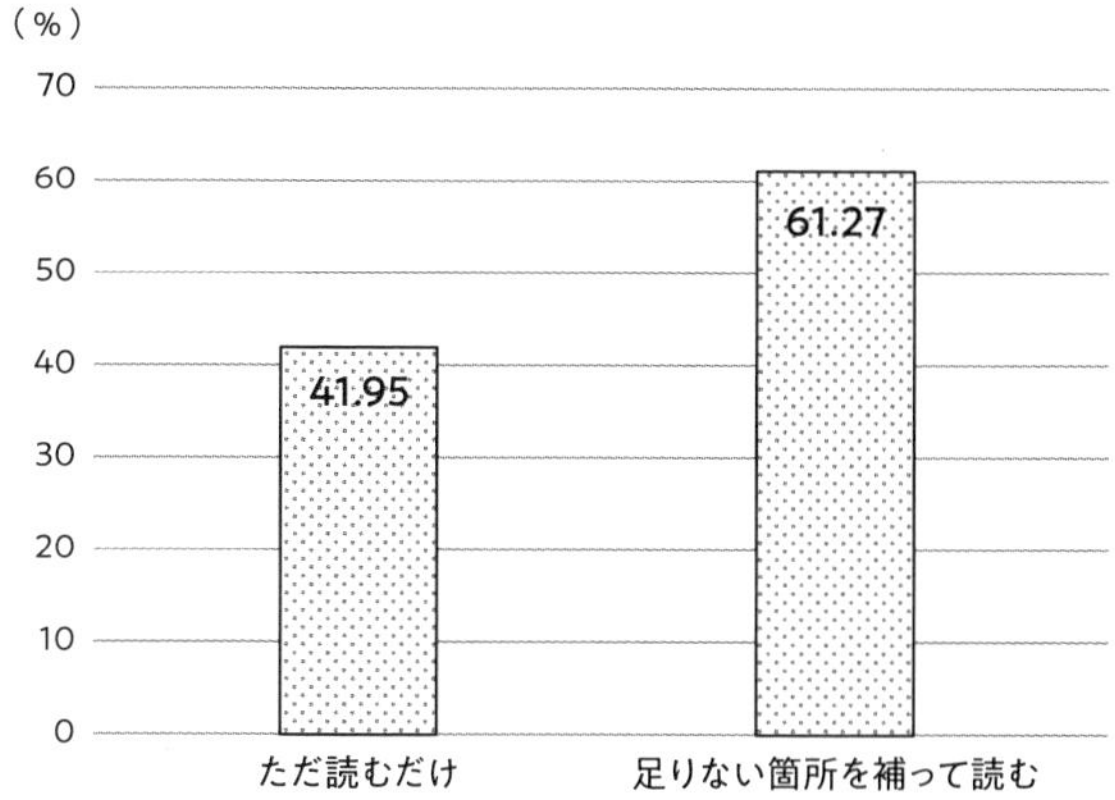

手間をかけたほうが、学習効率がよくなる

(出典：deWinstanley, P.A.& Bjork, E.L., 2004)

自分の手で書いたり、問題を作ったりするのは、面倒くさいと思われるかもしれません。

しかし、この実験結果からも明らかなように、手間をかければかけるほど、学習は促進されるのです。

手間はかかっても、きちんと覚えることができるのですから、**長い目で見ると、こちらのほうが優れた勉強法だ**といえます。

直近に何らかの試験やテストを控えている方は、ぜひ自分で単語帳や問題集を作る方法を試してみてください。

6章

行動・判断の裏に隠された心理

——知っている・知らないの差は大きい！

「選択肢が多すぎる」と選べなくなる

それって　ビュリダンのロバ

フランスのスコラ哲学者ジャン・ビュリダンは、面白い思考実験をしています。

今にも餓死《がし》しそうなロバがいて、そのロバから同じだけ離れた二つの場所に、魅力的な干し草があるとします。このとき、ロバはどうするだろうという思考実験です。

みなさんは、どうすると思いますか。

ロバは、どちらの干し草を食べに行けばよいのか悩んで、そのまま餓死するだろうとビュリダンは考えました。

これを**「ビュリダンのロバ」**といいます。

「バカだなあ、どちらでもいいから干し草のところに行けば命が助かるのに」と誰でも思いますよね。ですが、**同じように選択に迷ってしまうことは、私たちにもある**のです。人間だって、ビュリダンのロバとそんなに変わりません。

「目を引いた」としても「買ってもらえる」とは限らない

たとえば、私たちには「いろいろな商品の中から、自分の好きなものを選びたい」という心理があります。

では、お店がたくさんの商品を仕入れて並べておけば、それだけ売り上げも伸びるのでしょうか。

いいえ、そういうふうにはなりません。なぜなら選択肢が多すぎると、人はビュリダンのロバと同様に判断ができなくなり、**結局は「買うのをやめる」**という決定をすることが多いからです。

コロンビア大学のシーナ・アイエンガーはこれを確認しています。

アイエンガーは、とあるスーパーマーケットの協力のもとに、あるときは六種類のジャム、またあるときには二十四種類のジャムを試食コーナーに並べて、お客に声をかけて販売してみたのです。そして、立ち止まってくれたお客と、ジャムを買ってくれたお客を測定したところ、次のような結果を得ました。

	立ち止まってくれるお客	買ってくれるお客
六種類	四〇%	三〇%
二十四種類	六〇%	三%

（出典：Iyengar, S. S., et al., 2000）

バラエティに富んだ商品を並べると、たしかにお客の目を引くのか、立ち止まってくれる人は増えました。ところが、そういうお客も、いざどれを買うかを決めようとすると、魅力的な商品が多すぎて判断に迷い、結局は「買わない」ことにしたのです。

選択肢が多すぎると、かえって困ることになるのですね。

「確実性」をとるか、「リスク」をとるか

それって　確実性効果と不確実性動機づけ効果

「確実に百万円もらえる」「コインを投げて表が出たら二百十万円、裏が出たら何ももらえない」という二つの選択肢があったとしましょう。

たいていの人は「確実に百万円もらえる」ほうを選びます。

二百十万円もらえるコイントスのほうは、期待値（一回試した結果、期待される数値の大きさ）を考えると百五万円。ですので、こちらのほうが選択としては、本当はよいはずなのです。ところが、それを知っていてもなお、やはり多くの人は「百万円を確実にもらう」ほうを選んでしまうのです。

この現象は、**「確実性効果」**と呼ばれています。私たちは、**リスクがあるものより**

も、**確実なほうを選びやすい**のです。

とはいえ、人間はいつでも確実性の高いほうを選択するのかというと、そうではありません。たまには「ちょっと冒険しようかな」と思うこともあります。いつでも確実ではつまらないですからね。

むしろ、多少はギャンブル性があったほうが、人はやる気になることもあります。こちらのほうは、**「不確実性動機づけ効果」**と呼ばれています。

「これは面白そう」と思えるから冒険もできる

香港大学のルーシー・シェンは、八十七名の大学生を集め、三・八リットルの水の入ったピッチャーを渡して、「線の引いてあるところまで二分以内に飲めれば賞金が出ます」という実験をしました。

ピッチャーには、一・四リットルのところに線が引いてあるのですが、学生にはそれが一・四リットルだということはわかりません。ただし、実験を始める前に、学生を二つのグループに分け、それぞれのグループに次の条件を課しました。

A　クリアできたら、一〇〇%の確率で二ドルもらえる
B　クリアできたら、五〇%の確率で二ドル、五〇%の確率で一ドルもらえる

もし確実性効果が強いのなら、Aのグループに割り振られた学生のほうが、頑張ってクリアしようとするはずです。逆に、不確実性動機づけ効果が強いのなら、Bのグループの学生のほうがクリアする人は増えるでしょう。

実際にやってみると、Aグループで一・四リットルの水を飲めたのは四三%にすぎませんでした。Bグループの学生のほうが、**「これは面白そう」と動機づけが高くなり、七〇%がクリア**できました。シェンは、同じような実験を四回くり返しましたが、結果はすべて同じでした。

もし私が会社の経営者なら、ボーナスの額は「確実にもらえる額」を設定するのではなく、変動制にするでしょう。なぜなら、不確実性動機づけ効果が働いて社員のモチベーションも高くなり、頑張って働いてくれると思うからです。

「損切り」できず損失がますます拡大

それって　**コンコルドの誤謬**

かつて、イギリスとフランスが、共同で超音速旅客機を開発しようとしました。この旅客機コンコルドは、開発当初から明らかに予算をオーバーすることがわかっていたのですが、開発は中止されませんでした。

愚かなことをしていることが途中でわかっても、**「せっかく始めたのだから……」**という心理が働き、私たちはやめるという決定がなかなかできません。

こういう愚かな振る舞いのことを、**「コンコルドの誤謬《ごびゅう》」**といいます。

人間の立てる計画というのは、えてして思い通りにいかないものです。本当は計画がうまくいかないことが確実になったところで、さっさとやめてしまうのが賢明な選択なのですが、それでもその計画を実行しようとするのですね。

「もうやめよう」の判断が難しいワケ

デンマークにあるオールボー大学のベント・フライバーグは、世界五大陸二十カ国のインフラ計画を二百五十八件、分析してみました。

その二百五十八件のインフラ計画のうち、いったい何件くらいで予算オーバーが見られたと思いますか。

結論を先に言うと、二百五十八件。つまり、**予算オーバー率一〇〇%**。もう笑ってしまうくらい、計画通りにいかないということです。

フライバーグは、時系列での分析も行なっているのですが、七十年間で予算オーバーはまったく減少していないことを突き止めました。つまり、反省も、学習もなされていないということです。

俗に「人間は失敗から学ぶ」と言われていますが、とんでもない。人間は失敗しても何も学べないのです。

スマートフォンのゲームアプリで、課金地獄にハマってしまう人も、やはりコンコルドの誤謬に陥《おちい》っているのです。あるアイテムやキャラクターが欲しくなり、いったん課金のガチャガチャをスタートすると、お目当てのものを手に入れるまでは、それこそ何万円でもお金をつぎ込んでしまうのです。「もうやめよう」という判断ができなくなるのです。


では、どうすれば、コンコルドの誤謬を避けることができるのでしょうか。

一つの方法は、「始める決定」を下す人と、「撤退する決定」を下す人を同一の人（あるいはグループ）にせず、別々にすること。

「もうやめる」という決定権が他の人にあれば、その組織はコンコルドの誤謬に陥りにくくなります。もし、何かおかしな泥沼にハマり込みそうになったら、やめる決定は自分でするのではなく、誰か他の人に頼んだほうがよさそうです。

「どの順番でプレゼンするか」は極めて重要

それって　系列位置効果

オーディションを受けるとき、自分の番が最初か最後だとしたら、ラッキーですよ。

なぜなら、最初か最後の応募者は、面接官の記憶に一番残りやすく、それゆえ合格する可能性が大だからです。

各社が集まって競合コンペティションや競合プレゼンテーションをするときも同様です。順番が最初か最後であれば、企画を採用してもらえる確率は驚くほどアップするはずです。

最初ほど記憶に残りやすいという現象は**「初頭効果」**、**最後ほど記憶に残りやすい**という現象は**「親近効果」**といいます。この二つを合わせて**「系列位置効果」**と心理学では呼んでいます。

バイアス（心のゆがみ）からは誰も自由になれない？

ベルギーのブリュッセル自由大学のハーバート・グレイサーは、とても面白い調査によって、これを確認しています。

グレイサーは、一九五六年から一九九九年のエリザベート王妃国際音楽コンクールにおける、ピアノ部門とバイオリン部門の結果を分析し、最終週、最終日に演奏する人ほど、上位に入ることを明らかにしたのです。後半に演奏する人ほど受賞しやすいのですから、この場合には親近効果のほうが強く見られたといってよいでしょう。

審査員は、すべての演奏者を公平に、平等に評価しなければなりません。そうしなければ、演奏者がかわいそうですからね。

とはいえ、審査員も人の子ですから、どうしても**バイアス（心のゆがみのこと）**を避けることはできません。前半に演奏する人より、後半に演奏する人のほうが、たとえ同じようなパフォーマンスをしたとしても、「なんとなくイイ」と感じてしまうものなのです。

本当は、そういうことも考慮しながら評価すべきなので、そのうち、いろいろな大会での評価の仕方も変わってくるかもしれません。たとえば、誰でも二回演奏することにして、一回目に後半に演奏した人は、二回目では前半に演奏するといったやり方をすれば、系列位置効果を軽減することができます。

比較したときの「差」を実際より大きく感じる

それって　コントラスト効果

人間の評価というものは、順番によっても変わってきます。

最初に優れたパフォーマンスを見せられると、その次に見せられるパフォーマンスは、どうしても見劣りするものです。**前後にどういうパフォーマンスがなされるかで、評価は大きく変わってしまう**のです。

この現象は、**「コントラスト効果」**と呼ばれています。

熱いお風呂に入った後で、ぬるいお風呂に入るととても冷たく感じますし、冷たいプールから出た後は、普通のシャワーがとても温かく感じられますよね。

これは「知覚のコントラスト」と呼ばれる現象ですが、**人間を評価するときにも同**

じようなコントラスト効果が生じるのです。

「相対評価」は避けられない宿命

イギリスにあるヨーク大学のロビン・クラマーは、二〇一二年のロンドンオリンピックと二〇一六年のリオデジャネイロオリンピックにおける、シンクロナイズド・ダイビングの結果を分析しています。

なぜこの競技を分析したのかというと、飛び込みの順序が、ランダムにコンピュータで決められているから。

クラマーは、三千八百七十二回の飛び込みについて十一名の審査員の得点を分析し、やはりコントラスト効果を確認しています。

どういうことかというと、直前のペアが悪い演技をすると、その直後のペアの得点は高くなる傾向があり、逆に直前のペアが素晴らしい演技をすると、その直後のペアの得点は低くなる傾向があることがわかったのです。

素晴らしい演技をしたペアの、次のペアは割を食うことになるのですが、これはかりはどうしようもありません。どんなに素晴らしい演技をしても、「それでも前の組と比べちゃうとなあ……」と審査員も感じて、低い得点をつけてしまうのです。

他人の不幸を願ってはいけませんが、それでもやっぱり**直前の人が失敗してくれるとラッキー**ですよね。その次に演技をする自分の評価が水増ししてもらえるのですから。

そういうことを考えてはいけないとは知りつつも、そんなふうに思ってしまうのが、人間というものです。

言い方ひとつで「心理的インパクト」は変わる

それって　フレーミング効果

「丸い卵も切りようで四角」という言葉がありますが、同じ事柄でも、表現を変えると、相手に与える心理的なインパクトがずいぶんと変わってくるものです。

たとえば、「デブ」と言われたら誰だって傷つくと思うのですが、「セクシー」と言われたら、そんなに悪い気はしません。

このように、**表現の仕方（枠組み）を変えることによる心理的な影響**のことを**「フレーミング効果」**といいます。

「枠組み」（フレーム）からきている用語です。

●「生存確率六八％」と「死亡確率三二％」

スコットランドにあるグラスゴー大学のアンソニー・サンフォードは、「新商品のヨーグルトの調査」という名目で、「脂肪分二五％」または「脂肪分七五％カット」というラベルの貼られたヨーグルトを評価してもらいました。

「脂肪分二五％」と「脂肪分七五％カット」は、結局のところ、同じことを言っているのですが、なぜか**「カット」の文字が入っているほうが、「よりヘルシー」と評価される**ことがわかりました。

もう一つ、別の研究もご紹介しましょう。

ハーバード・ビジネス・スクールのバーバラ・マクニールは、二百三十八名の肺がん患者と、四百二十四名の医者と、四百九十一名のビジネススクールの学生を対象に調査を行ないました。次のような二つの表現で、がんの手術を受けるかどうかを尋ねたのです。

「手術をした場合の一年間の生存確率は六八％」
「手術をした場合の一年間の死亡確率は三二％」

この二つも、やはり同じことを言っています。しかし「死亡確率」と表現されると、人は手術を受けることをためらい、より穏やかな放射線治療を選ぶ人が増えました。「生存確率」と表現されたときには、四二％の人が手術を選びましたが、「死亡確率」という表現では二五％の人しか手術を選ばなかったのです。

「どんなふうに表現するか」には細心の注意を払うこと。そうでないと、思わぬ問題を引き起こしてしまいます。

「口は禍《わざわい》の門《かど》」という言葉もありますが、自分が口にすることが相手に「どのように受け取られるのか」については、相当に注意しなければなりませんね。

集団になると「冷静な判断」ができなくなるワケ

それって　極性化現象

何人かのグループで話し合いをしていると、意見がどんどん「極端な方向」に行ってしまうことがあります。

最初は数人で、なんとなく政府の悪口を言っているだけだったのに、どんどん過激な方向に行ってしまい、最終的には「もう革命を起こすしかない！」という極端な結論に達してしまうこともありえるのです。

このように、**どんどん危険な方向に意見が進んでしまい、収拾がつかなくなってしまう**現象を**「リスキーシフト」**と呼びます。

逆に、話し合いをしているうちに、どんどん安全な方向、保守的な方向に意見が傾いてしまうこともあります。

最初は、「世界を驚かせるような商品を開発しよう！」と意気込んでいたのに、会議を重ねるたびに、どんどん革新的なアイデアの部分が削られ、結局はごくありふれた商品しか開発できなくなってしまうことがあります。

このように、リスキーシフトとは反対に、**安全なほうに向かっていく**現象は**「コーシャスシフト」**と呼ばれています。

そして、この二つを合わせて**「極性化現象」**と呼びます。

では、どういうときにリスキーシフトが起きて、どういうときにコーシャスシフトが起きるのでしょうか。

リスク許容度が上がるとき、下がるとき

マサチューセッツ工科大学のジェームズ・ストーナーによると、どうも**話し合いのテーマが関係している**ようです。

「転職するかどうか」

「航空事故が起きたとき、子どもだけを確実に助けるか、それとも危険を冒して子どもと妻の両方を助けるか」

このようなテーマでグループに話し合いをさせると、一般的にリスキーシフトが起きます。つまり、「今の仕事を辞めて転職に挑戦してみようよ」「子どもも妻も助けようよ」という方向に意見が流れやすいのです。

逆に、コーシャスシフトが起きやすいテーマというのもあります。

「母体に危険があっても、それでも子どもを産むか」

「臨時ボーナスで旅行に行くか、息子の学資にするか」

これらのテーマで話し合いをさせると、「やっぱりお母さんの生命を救おう」「息子の学資にしよう」という、安全な方向に意見が集約されていくのです。

他にも、話し合いに参加するメンバーの人数や、最初にどちらの意見に傾くかなどの要因によっても、意見がリスキーな方向へ傾くか、安全なものになるかが決まっていくようです。

つい「ネガティブなこと」に目が行きがち

それって **ネガティビティ・バイアス**

みんなが笑っている集合写真の中に、一人だけ怒っている顔の人がいると、私たちの目はその怒った顔の人に向かいます。きれいな自然の風景写真の中に、空き缶が落ちていたら、やはり私たちは、美しい花に目を向けるのではなく、空き缶のほうに注目してしまうものです。

このように、**ネガティブなものに目を向けてしまう傾向**のことを**「ネガティビティ・バイアス」**といいます。

なぜネガティビティ・バイアスがあるのかというと、ネガティブなものに注目したほうが生存確率は高くなるためです。私たちは、そういうふうに進化してきたのです。

「臆病者の遺伝子」のなせるワザ？

たとえば、お花畑に目を向けるのではなく、その後ろの木に隠れた毒ヘビや猛獣などをサッと見つけて逃げ出した人は、助かる見込みが高くなります。

あるいは、こちらに向かって歩いてくる人が、怒った顔をしていたり、手に武器を持っていたりしたら、危害を加えられるかもしれません。ですから、そういう人を目ざとく見つけて、サッと逃げる人のほうが生き残ってきたわけです。

このように、臆病者ほど命を落とさずにすんできたので、次世代に自分の遺伝子を残すことができました。

つまり、**今の私たちは、臆病者の子孫**であるわけです。ネガティビティ・バイアスが見られるのは、その名残《なごり》といってよいかもしれません。

気分が悪くなるようなものからは目を背ければいいのに、私たちはつい、そういうものに目を向けてしまいます。

アメリカにあるコロラド大学のマイケル・キースレイは、視線を追跡する装置を頭につけてもらい、二枚の写真を並べて提示し、どちらをよく眺めるのかを調べてみました。

その結果、「アイスクリーム」や「ピザ」などのポジティブなものより、「動物の死体」「解体される牛」などネガティブな写真のほうに、人は視線を向けやすいことがわかりました。

車にはねられて死んでしまったネコの死体につい目を向けてしまうのは、動物の死体にはいろいろな病原菌がいるので、**「うかつに近づかないほうがよい」という警戒態勢を私たちにとらせるため**だろう、と解釈できます。

「表」の連続の後、「裏」に賭けたくなる心理

それって **ギャンブラーの錯誤**

たまたまあることが連続して起きると、「次こそは、バランスをとるために違うことが起きるだろう」と私たちは予想するものです。

たとえば、ルーレットで、赤、赤、赤、赤、赤ときたら、**「次こそ黒がくるはず」**と思ってしまい、黒に大きく賭《か》けてしまうでしょう。偶然に赤が続いただけで、次に黒がくるという保証はまったくないのに。

このような思い込みは、**「ギャンブラーの錯誤」**と呼ばれています。たまたま起きたことに、何らかのルールや必然性があると思い込んでしまう、心のゆがみのことを指します。

女の子ばかり三人産んだ女性は、「次は男の子が産まれそう」と考えてしまいます。そんな保証はないことは自分でわかっていても、「なんとなくそうなりそう」という気持ちになってしまうのです。

なぜ「確率論」に従えないのか

イタリアのカンパニア大学のオリンピア・マタラッツォは、ギャンブル依存症をサポートする団体に依頼して、百六十名のギャンブル依存症の男性と、スポーツジムなどにポスターを貼って募集した百六十名の男性に、ルーレットをやってもらいました。十枚のコインを渡して、好きなだけ賭けてもらうという実験です。

なお、自身が賭ける直前の四回分のルーレットの結果が確認できるようになっていました。そして、次の四つの条件を見せられたとき、ギャンブル依存症の人と普通の人がどのような行動をとるか、実験が行なわれたのです。

赤、赤、赤、赤

黒、黒、黒、黒
赤、黒、黒、赤
黒、赤、赤、黒

すると、「赤、赤、赤、赤」「黒、黒、黒、黒」と、同じ色が四回続いた条件を見せられたとき、ギャンブル依存症の人も、普通の人も、その反対の色に賭けました。赤が四回連続のときには黒に、黒が四回連続のときには赤に、たくさん賭けたのです。そして、ギャンブル依存症の人は、普通の人よりもたくさんのコインを賭けました。「絶対に当たる」と確信したからでしょう。

言うまでもなく、ルーレットは偶然によって結果が決まるので、その前に何回同じ色が連続していようが、次に出る色には影響しません。**確率は、黒か赤かの五〇%。**赤ばかり連続して出たからといって、その次に黒が出る確率がいきなり八〇%になったりはしないのです。

常識的に考えれば、そういうことがわかっていても、それでもやはり、私たちはギャンブラーの錯誤に陥ってしまうようです。

「ゴール」が見えると俄然、ペースが上がる

それって目標勾配仮説

私たちは、「そろそろ目標に到達できそうだ」というとき、俄然《がぜん》やる気を出すものです。たとえば、部品を百個作るごとにお金がもらえるという歩合《ぶあい》制で働いている人がいるとしましょう。

おそらくその人は、まだ二十個とか三十個しか作っていないときより、八十個を超えたあたりから作業がペースアップするだろうと予想されます。そして百個の部品を作り終えたら、しばらくはペースダウンし、今度は百八十個とか百九十個くらい作ったところで、またペースが上がる、という感じになるのではないかと思われます。

登山やハイキングをする人は、目的地が近づくと、歩調を早めるでしょう。「あと

少しだ」と思うと、疲れも吹き飛んで、ラストスパートをかけようとするのです。途中はのんびり歩いている人でも、「頂上まであと一キロ」などという看板を見つけたら、「ようし、もう一ふんばり！」という気持ちになります。

こういう現象は、**「目標勾配《こうばい》仮説」**と呼ばれています。

目標が近くなるとスピードアップするのは人間だけでなく、ネズミもそうらしく、エサのあるゴールが近づくと走るペースを上げるそうです。

「カフェのスタンプカード」の心理効果

コロンビア大学のラン・キベッツは、日常場面で目標勾配仮説を検証しています。

とあるカフェでスタンプカードを配り、十回の利用で一杯無料というキャンペーンをすると、スタンプが一つ目、二つ目のときより、七つ目、八つ目、九つ目のときのほうが、次回の利用までの間隔が二〇％も短縮されることがわかったのです。

最初は、四日おきにカフェにやってきたお客も、**ゴールが近くなると二日おきに通ってくれたりする**のですね。

目標が近くなると、なるべく早く目標に到達しようとする心理は、マーケティングにも応用できます。

もし私が、お客に通ってもらう頻度を高めるアイデアを求められたとしたら、ゴールや目標をかなり細かく分割するでしょう。スタンプカードでいえば、十回おきに一杯無料でなく、五回おきに一杯無料にするかもしれません。五回のほうが、すぐに目標に到達できますからね。

目標があまりに遠いと、人はやる気が出ません。

スタンプカードでいうと、百回も通わないと何ももらえないのだとしたら、途中でイヤになってスタンプカードを捨ててしまうでしょう。リピート率は、ほんのちょっとしたことで変えられるのです。

結果を見て「やっぱりな」と言いたくなる人

それって　後知恵バイアス

サッカーワールドカップを見ていたとしましょう。試合で日本が負けた後に、「なんとなく日本が負けると思っていた」と言う人がいます。

物事が終わってから、つまり結果がわかった後からなら、なんとでも言うことができるわけですが、こういう心のゆがみは**「後知恵バイアス」**と呼ばれています。

恥ずかしい話ですが、私もしょっちゅう「後知恵バイアス」を感じることがあります。

自分の書いた本が少し売れると「最初から売れるという自信があった」と感じます

し、さっぱり売れないときには「もともと売れないような気がした」と感じます。

これらは完全に後知恵バイアスなのですが、心理学者だからといって、心のゆがみの影響を受けないわけにはいかないようです。

人は「後出し発言」をしたくなるもの

では、一つ研究をご紹介しましょう。

ドイツにあるユストゥス・リービッヒ大学ギーセンのリーディガー・ポールは、インターネットで世界中から募集した人たちに、以前の研究で正答率が三%以下という難しい問題を二十問用意して、それを解いてもらいました。

具体的にどんな問題だったかというと、「人間には何本の骨がありますか?」(正解は二百六本)、「一から千までに素数はいくつありますか?」(正解は百六十八個)などです。まず、普通の人には解けるわけがありません。

面白いのはここからなのですが、**正解を教えると、みな口をそろえて「本当はそれ**

くらいだと思っていた」と答えたのです。

答えを教えてもらってから、いきなりそんなことを言い出すのは、ずるいですよね。見事な後知恵バイアスです。

なお、後知恵バイアスは、問題にチャレンジしてくれた国の人たちすべて（アジア、オーストラリア、ヨーロッパ、北アメリカに在住の人。アフリカは参加者が少なかったので、分析からは除外）で確認できました。この心のゆがみは、どの国の人にも見られると考えてよいでしょう。

もし職場の人が、「僕はね、あの計画は、最初からうまくいかないと思っていたんだよ」などと言い出したら、「あ、それって〝後知恵バイアス〟って言うみたいですよ」と教えてあげましょう。

それが親切なことなのかどうかは、ちょっとわかりませんが。

優秀なのに「自分は無能」と思ってしまう

それって　インポスター症候群

非常に高い業績をあげているなど、**他の人から見たら間違いなく優秀なのに、本人は自分のことを無能で、仕事ができないと思い込んでいる**ことがあります。

これを**「インポスター症候群」**といいます。たまたまうまくいっているだけなのに、周囲の人がおだててくれるので、まるで自分が詐欺をしているように感じることもあるようです。

「今回は、たまたま、うまくいっただけなんです」

「私、本当に何もしていないんです」

本人は、自分の業績をそんなふうに小さく受け止めているのですが、周囲の人は本気で受け取ってくれません。「またまたあ〜、ご謙遜《けんそん》、ご謙遜」と、かえって好印象を抱かれることさえあります。

だいたい「○○症候群」と名のつくものは、病気であったり、厄介な問題を引き起こしたりするものであることが多いのですが、インポスター症候群は違います。**人間関係でメリットをもたらしてくれる**こともわかっているのです。

インポスター思考の人ほど周囲のウケがいい

マサチューセッツ工科大学のバスティマ・テューフィックは、百五十五名のビジネスマン（平均年齢三十六・四歳）を対象に、どれくらいインポスター思考をするのか調査をしました。

「職場で、私は自分が思っている以上に有能だと思われている」
「職場で、私は自分が思っている以上に知識があると思われている」

このような質問をすることで、インポスター思考を測定してみたのです。

さらにその約二カ月後、彼らの上司に「この社員は、職場の人たちとうまくやっていますか？」と尋ねてみました。

すると、**インポスター思考をする人ほど、周囲の人たちからのウケがよく、人間関係がうまくいっている**ことがわかったのです。

だいたい嫌われる人は、自分のことを過大評価しているものです。実力など全然ないのに、さも実力があるような顔をしているから、嫌われるのです。

その点、インポスター症候群の人は違います。自分には実力など、これっぽっちもないと思っていて、すべての点で自分に低い点数をつけます。そういう姿勢が、周囲の人にはとても謙虚で、腰が低い人だと思われ、好感を得やすいのでしょう。

インポスター症候群の人からすれば、高く評価などしてもらえないほうがかえって心理的にラクなのかもしれません。ですが、とりあえず周囲の人から高く評価してもらえていることは事実ですし、「ありがたい悩み」「うらやましい悩み」だと割り切ったほうがいいのではないでしょうか。

「予想通りに非合理」でもやめられない

それって　アクション・バイアス

「動物」という言葉は、「動く生きもの」と書きます。人間もやはり動物の仲間なので、**何もしないでただじっとしているより、行動することを好む**傾向があります。「とにかく行動したい」という傾向は、人間の本能のようなものであって、合理的な思考に基づくものではありません。

そのため、ときとしては、非合理な行動をとってしまうことがあります。これを**「アクション・バイアス」**と呼びます。

●「感情的に受け入れられない」のは、こんなとき

イスラエルにあるネゲヴ・ベン＝グリオン大学のマイケル・バー・エリは、世界トップクラスのゴールキーパーがゴールに立った三百件を超えるPK（ペナルティ・キック）のデータを分析してみました。

すると、「ゴールの真ん中でキーパーがじっとしているとき」が最もシュートを止める確率が高く、三三・三％であることがわかりました。一方、左に跳んだ場合には一四・二％。右に跳んだ場合は一二・六％。もう、明らかに**じっとしているほうがセーブ率は高い**のです。

さっそくバー・エリは、この結果をゴールキーパーたちに伝えました。ところがキーパーたちから返ってきたのは、意外なことに「それは受け入れられない」との答え。

なぜかと聞くと、じっと動かずにゴールを決められたら、左右のどちらかに跳んでゴールを決められたときよりも、悔しいと感じるからとのことでした。

たとえ失敗しても、行動した結果なら受け入れられるが、何もしないで失敗するのは、感情的に到底受け入れられないというのです。なんとも非合理ですが、これがアクション・バイアスです。

企業でも、アクション・バイアスは見られます。

何らかの行動を起こして失敗するのなら受け入れられますが、何もせずに手をこまねいて業績が落ちてゆくのを見るのは、感情的に受け入れがたいのです。そのため、客観的にはどう考えてもうまくいかない事業計画でも実行に移してしまい、案《あん》の定《じょう》、倒産するのです。

「どうしてあんなにおかしな計画を実行したのだろう?」と他の人は思うかもしれませんが、もともと人間には行動することを好む傾向があることを考えれば、十分に理解できることだといえるでしょう。

おわりに

心理学は、やっぱり面白い

作家の井上ひさしさんは、相当に活字中毒だったらしく、読むものがないと、病院のパンフレットであろうが新聞の広告であろうが、何でもかんでも読んだそうです。

田辺聖子さんや野坂昭如《あきゆき》さん、江戸川乱歩さんなどもやはり活字中毒だったそうですから、同じように手あたりしだいに何でも読んでいたのではないかと思います。

そうした偉大な作家たちと比べるのはおこがましいのですが、私もかなりの活字中毒で、読むものがないときには辞書を読んでいるほどです。

あるとき、なんとなく心理学辞典をパラパラとめくっていたら、これがびっくりするくらいに面白いのです。それ以来、何かの用語を調べるために引くだけではなく、辞書を「一つの完成された読みもの」として読むようになりました。

もともと心理学には、思わず笑ってしまうような用語がたくさんあるのですが、特に私が面白いと感じたものを集めて、一冊の本にしたらとても愉快な本ができるのではないかと考えました。

そういう経緯でできあがったのが本書です。

もとより本書は辞書ではありませんので、あらゆる単語を網羅《もうら》するものではありません。

心理学の教科書なら、ほぼ確実に載っている「記憶の忘却曲線」や「オペラント条件づけ」といったものはあえて取り上げませんでした。紙面の都合もありますので、私が面白いと思ったネタだけで構成されています。

本書をきっかけに、「他の心理学の本も読んでみようかな」と心理学に興味を持っていただければ、著者冥利《みょうり》につきます。

たくさんの人に楽しんでもらえるような本を作ったつもりですが、私の目論見《もくろみ》は達成できましたでしょうか。


最後になりましたが、読者のみなさまにお礼を申し上げます。

最後までお付き合いくださり、ありがとうございました。

これからも、できる限り新しい心理学の研究を紹介していきたいと思いますので、末永くお付き合いいただければ幸いです。

またどこかでお目にかかりましょう。

内藤誼人

● Seery, M. D., Silver, R. C., Holman, E. A., Ence, W. A., & Chu, T. Q. 2008 Expressing thoughts and feelings following a collective trauma: Immediate responses to 9/11 predict negative outcomes in a national sample. Journal of Counseling and Clinical Psychology, 76, 657-667.

● Shelton, J. N. & Richeson, J. A. 2005 Intergroup contact and pluraristic ignorance. Journal of Personality and Social Psychology, 88, 91-107.

● Shen, L., Fishbach, A., & Hsee, C. K. 2015 The motivating-uncertainty effect: Uncertainty increases resource investment in the process of reward pursuit. Journal of Consumer Research, 41, 1301-1315.

● Sloutsky, V. M., & Napolitano, A. C. 2003 Is a picture worth a thousand words? Preference for auditory modality in young children. Child Development, 74, 822-833.

● Stoner, J. A. F. 1968 Risky and cautious shifts in group decisions: The influence of widely held values. Journal of Experimental Social Psychology, 4, 442-459.

● Tedeschi, R. G., & Calhoun, L. G. 2004 Posttraumatic growth: Conceptual foundations and empirical evidence. Psychological Inquiry, 15, 1-18.

● Tewfik, B. A. 2022 The impostor phenomenon revisited: Examining the relationship between workplace impostor thoughts and interpersonal effectiveness at work. Academy of management Journal, 65, 988-1018.

● Tlachi-Lopez, J. L., Equibar, J. R., Fernandez-Guasti, A., & Lucio, R. A. 2012 Copulation and ejaculation in male rats under sexual satiety and the Coolidge effect. Physiology & Behavior, 106, 626-630.

R. 2012 The effects of smiling and frowning on perceived affect and exertion while physically active. Journal of Sport Behavior, 35, 337-53.

● Phillips, D. P., Liu, G. C., Kwok, K., Jarvinen, J. R., Zhang, W., & Abramson, I. S. 2001 The hound of the Baskervilles effect: Natural experiment on the influence of psychological stress on timing of death. British Medical Journal, 323, 1443-1446.

● Pohl. R. F., Bender, M., & Lachmann, G. 2002 Hindsight bias around the world. Experimental Psychology, 49, 270-282.

● Pope, H. G., Phillips, K. A., & Olivardia, R. 2000 The Adonis Complex: The secret crisis of male body obsession. Free Press.

● Rathbone, C. J., Moulin, C. J. A., & Conway, M. A. 2008 Self-centered memories: The reminiscence bump and the self. Memory & Cognition, 36, 1403-1414.

● Riniolo, T. C., Johnson, K. C., Sherman, T. R., & Misso, J. A. 2006 Hot or not: Do professors perceived as physically attractive receive higher student evaluations? Journal of General Psychology, 133, 19-35.

● Rubin, Z. 1975 Disclosing oneself to a stranger: Reciprocity and its limits. Journal of Experimental Social Psychology, 11, 233-260.

● Sanford, A. J., Fay, N., Stewart, A., & Moxey, L. 2002 Perspective in statements of quantity, with implications for consumer psychology. Psychological Science, 13, 130-134.

● Savitsky, K., Medvec, V. H., & Gilovich, T. 1997 Remembering and regretting: The Zeigarnik effect and the cognitive availability of regrettable actions and inactions. Personality and Social Psychology Bulletin, 23, 248-257.

● Sedikides, C., Meek, R., Alicke, M. D., & Taylor, S. 2014 Behind bars but above the bar: Prisoners consider themselves more prosocial than non-prisoners. British Journal of Social Psychology, 53, 396-403.

1098.

● Marsh, H. & Hau, K. T. 2003 Big-fish-little-pond effect on academic self-concept: A cross-cultural (26-country) test of the negative effects of academically selective schools. American Psychologist, 58, 364-376.

● Matarazzo, O., Carpentieri, M., Greco, C., & Pizzini, B. 2019 The gambler's fallacy in problem and non-problem gamblers. Journal of Behavioral Medicine. Doi: 10.1556/2006.8.2019.66

● McCracken, G. 1986 Culture and consumption: A theoretical account of the structure and movement of the cultural meaning of consumer goods. Journal of Consumer Research, 13, 71-84.

● McMillen, C., Zuravin, S., & Rideout, G. 1995 Perceived benefit from child sexual abuse. Journal of Consulting and Clinical Psychology, 63, 1037-1043.

● McNeil, B. J., Pauker, S. G., Sox, H. C., & Tversky, A. 1982 On the elicitation of preferences for alternative therapies. The New England Journal of Medicine, 306, 1259-1262.

● Namnyak, M., Tufton, N., Szekely, R., Toal, M., Worboys, S., & Sampson, E. L. 2008 "Stockholm syndrome" : Psychiatric diagnosis or urban myth? Acta Psychiatrica Scandinavica, 117, 4-11.

● Orians, G. H. 1986 An ecological and evolutionary approach to landscape aesthetics. In E. C. Penning-Rowsell & D. Lowenthal (Eds.), Landscape meanings and values (pp. 3-22). London: Allen and Unwin

● Payne, C. & Jaffe, K. 2005 Self seeks like: Many humans choose their dog-pets following rules used for assortative mating. Journal of Ethology, 23, 15-18.

● Petersen, G. L., Finnerup, N. B., Colloca, L., Amanzio, M., Price, D. D., Jensen, T. S., & Vase, L. 2014 The magnitude of nocebo effects in pain: A meta-analysis. Pain, 155, 1426-1434.

● Philippen, P. B., Bakker, F. C., Oudejans, R. R. D., & Canal-Bruland,

Thinking and acting in the shadow of doubt. Personality and Social Psychology Review, 2, 251-275.

● Kramer, R. S. S. 2017 Sequential effects in Olympic synchronized diving scores. Royal Society Open Science, 4, 160812.

● Krane, R. V. & Wagner, A. R. 1975 Taste aversion learning with a delayed shock us: Implications for the "generality of the laws of learning". Journal of Comparative and Physiological Psychology, 88, 882-889.

● Kulesza, W., Cislak, A., Vallacher, R. R., & Nowak, A. 2015 The face of the chameleon: The experience of facial mimicry for the mimicker. Journal of Social Psychology, 155, 590-604.

● Livingston, R. W., & Pearce, N. A. 2009 The Teddy-Bear effect. Does having a baby face benefit black chief executive officers? Psychological Science, 20, 1229-1236.

● Lohr, V. I. & Person-Mims, C. H. 2006 Responses to scenes with spreading, rounded, and conical tree forms. Environment and Behavior, 38, 667-688.

● Martinez, A. G., Piff, P. K., Mendoza-Denton, R., & Hinshaw, S. P. 2011 The power of a label: Mental illness diagnoses, ascribed humanity, and social rejection. Journal of Social and Clinical Psychology, 30, 1-23.

● Marx, D. M., Ko, S.J., & Friedman, R. A. 2009 The "Obama effect" : How a salient role model reduces race-based performance differences. Journal of Experimental Social Psychology, 45, 953-956.

● Marzoli, D. & Tommasi, L. 2009 Side biases in humans (Homo sapiens): Three ecological studies on hemispheric asymmetrics. Naturwissenshaften, 96, 1099-1106.

● Maher, J. K., Hu, M. Y., & Kolbe, R. H. 2006 Children's recall of television ad elements. Journal of Advertising, 35, 23-33.

● Marsh, D. M. & Hanlon, T. J. 2007 Seeing what we want to see: Confirmation bias in animal behavior research. Ethology, 113, 1089-

● Gunnell, J. J. & Ceci, S. J. 2010 When emotionality trumps reason: A study of individual processing style and juror bias. Behavioural Sciences and the Law, 28, 850-877.

● Hubel, D. H. & Wiesel, T. N. 1970 The period of susceptibility to the physiological effects of unilateral eye closure in kittens. Journal of Physiology, 206, 419-436.

● Iyengar, S. S., & Lepper, M. R. 2000 When choice is demotivating: Can one desire too much of a good thing? Journal of Personality and Social Psychology, 79, 995-1006.

● Jimenez, B. P. 2015 The effects of "Performance adrenaline" on the performing singer. Voice and Speech Review, 9, 149-167.

● Kagel, J. H. & Levin, D. 1986 The winner's curse and public information in common value auctions. American Economic Review, 76, 894-920.

● Kaufmann, C., Agalawatta, N., Outhred, T., & Malhi, G. S. 2019 Phenomenal insight: Pareidolia - I see? Australian & New Zealand Journal of Psychiatry, 53, 89-90.

● Kisley, M. A., Wood, S., & Burrows, C. L. 2007 Looking at the sunny side of life: Age-related change in an event-related potential measure of the negativity bias. Psychological Science, 18, 838-843.

● Kitayama, S., & Karasawa, M. 1997 Implicit self-esteem in Japan: Name letters and birthday numbers. Personality and Social Psychology Bulletin, 23, 736-742.

● Kivetz, R., Urminsky, O., & Zheng, Y. 2006 The goal-gradient hypothesis resurrected: Purchase acceleration, illusionary goal progress, and consumer retention. Journal of Marketing Research, 43, 39-58.

● Knewtson, H. & Sias, R. W. 2010 Why Susie owns Starbucks: The name letter effect in security selection. Journal of Business Research, 63, 1324-1327.

● Kramer, R. M. 1998 Paranoid cognition in social systems:

effect: Passive bystanders increase helping in situations with high expected negative consequences for the helper. Journal of Social Psychology, 153, 1-5.

● Flyvbjerg, B., Holm, M. K. S., & Buhl, S. L. 2004 What causes cost overrun in transport infrastructure projects? Transport Review, 24, 3-18.

● Foroughi, C. K., Monfort, S. S., Paczynski, M., McKnight, P. E., & Greenwood, P. M. 2016 Placebo effects in cognitive training. Proceedings of the National Academy of Sciences of the United States of America, 113, 7470-7474.

● French, K. R. & Poterba, J. M. 1991 Investor diversification and international equity markets. American Economic Review, 81, 222-226.

● Furnham, A., & Schofield, S. 1987 Accepting personality test feedback: A review of the Barnum effect. Current Psychological Research, 6, 162-178.

● Gilbert, D. T., Pinel, E. C., Wilson, T. D., Blumber, S. J., & Wheatley, T. 1998 Immune neglect: A source of durability bias in affective forecasting. Journal of Personality and Social Psychology, 75, 617-638.

● Glejser, H. & Heyndels, B. 2001 Efficiency and inefficiency in the ranking in competitions: The case of the Queen Elisabeth Music Contest. Journal of Cultural Economics, 25, 109-129.

● Goldstein, D. G. & Gigerenzer, G. 2002 Models of ecological rationality: The recognition heuristic. Psychological Review, 109, 75-90.

● Granberg, D., & Bartels, B. 2005 On being a lone dissenter. Journal of Applied Social Psychology, 35, 1849-1858.

● Grossmann, I. & Kross, E. 2014 Exploring Solomon's paradox: Self-distancing eliminates the self-other asymmetry in wise reasoning about close relationships in younger and older adults. Psychological Science, 25, 1571-1580.

● Brown, A. S. 2003 A review of the déjà vu experience. Psychological Bulletin, 129, 394-413.

● Castel, A. D., Vendetti, M., & Holyoak, K. J. 2012 Fire drill: Inattentional blindness and amnesia for the location of fire extinguishers. Attention, Perception, and Psychophisics, 74, 1391-1396.

● Chartrand, T. L., & Bargh, J. A. 1999 The chameleon effect: The perception-behavior link and social interaction. Journal of Personality and Social Psychology, 76, 893-910.

● Conway, A., Cowan, N., & Bunting, M. F. 2001 The cocktail party phenomenon revisited: The importance of working memory capacity. Psychonomic Bulletin & Review, 8, 331-335.

● Cowan, N. 2000 The magical number 4 in short-term memory: A reconsideration of mental storage capacity. Behavioral and Brain Sciences, 24, 87-114.

● Dee, T. S. 2014 Stereotype threat and the student-athlete. Economic Inquiry, 52, 173-182.

● De Havas, J., Gomi, H., & Haggard, P. 2017 Experimental investigation of control principles of involuntary movement: A comprehensive review of the Kohnstamm phenomenon. Experimental Bain Research, 235, 1953-1997.

● deWinstanley, P. A. & Bjork, E. L. 2004 Processing strategies and the generation effect: Implications for making a better reader. Memory & Cognition, 32, 945-955.

● Epley, N., Waytz, A., & Cacioppo, J. T. 2007 On seeing human: A three-factor theory of anthropomorphism. Psychological Review, 114, 864-886.

● Erickson, T. D. & Mattson, M. E. 1981 From words to meaning: A semantic illusion. Journal of Verbal Learning and Verbal Behavior, 20, 540-551.

● Fischer, P., & Greitemeyer, T. 2013 The positive bystander

参考文献

● Althagfi, S. S., AlSufyani, M. H., Shawky, O. A., Afifi, O. K., Alomairi, N., & Masoodi, I. 2019 The health anxiety in medical students, a comparative study from Taif University: Medical student's syndrome revisited. British Journal of Medical Practitioners, 12, a003.

● Alzahrani, A. & Almuhammadi, M. A. 2013 Left ear advantages in detecting emotional tones using dichotic listening task in an Arabic sample. Laterality, 18, doi: 10.1080/1357650X.2012.762373.

● Anderson, C., Hildreth, J. A., & Howland, L. 2015 Is the desire for status a fundamental human motive? A review of the empirical literature. Psychological Bulletin, 141, 574-601.

● Atir, S., Rosenzweig, E., & Dunning, D. 2015 When knowledge knows no bounds: Self-perceived expertise predicts claims of impossible knowledge. Psychological Science, 26, 1295-1303.

● Babad, E. Y., Inbar, J., & Rosenthal, R. 1982 Pygmalion, Galatea, and the Golem: Investigations of biased and unbiased teachers. Journal of Educational Psychology, 74, 459-474.

● Bar-Eli, M., Azar, O. H., Ritov, I., Keidar-Levin, Y., & Schein, G. 2007 Action bias among elite soccer goalkeepers: The case of penalty kicks. Journal of Economic Psychology, 28, 606-621.

● Bargh, J. A., Chen, M., & Burrows, L. 1996 Automaticity of social behavior: Direct effects of trait construct and stereotype activation on action. Journal of Personality and Social Psychology, 71, 230-244.

● Boucher, J., & Osgood, C. E. 1969 The Pollyanna hypothesis. Journal of Verbal Learning and Verbal Behavior, 8, 1-8.

● Brenner, M. 1973 The next-in-line effect. Journal of Verbal Learning and Verbal Behavior, 12, 320-323.

● Brown, A. S. 1991 A review of the tip-of-the-tongue experience. Psychological Bulletin, 109, 204-223.

●画像提供（数字は掲載ページ）
フォトライブラリー：p.33上段、下段／ＰＩＸＴＡ：p.33中段

本書は、本文庫のために書き下ろされたものです。

面白《おもしろ》すぎて時間《じかん》を忘《わす》れる
人間心理《にんげんしんり》のふしぎ現象《げんしょう》

著者　内藤誼人（ないとう・よしひと）
発行者　押鐘太陽
発行所　株式会社三笠書房
〒102-0072 東京都千代田区飯田橋3-3-1
電話　03-5226-5734（営業部）　03-5226-5731（編集部）
https://www.mikasashobo.co.jp
印刷　誠宏印刷
製本　ナショナル製本

 ISBN978-4-8379-3052-5　C0130

王様文庫

王様文庫

いちいち気にしない心が手に入る本

内藤誼人

対人心理学のスペシャリストが教える「何があっても受け流せる」心理学。◎「マイナスの感情」をはびこらせない ◎〝胸を張る〟だけで、こんなに変わる ◎「自分だって捨てたもんじゃない」と思うコツ……etc.「心を変える」方法をマスターできる本！

いちいち感情的にならない本

内藤誼人

忙しすぎてイラッ、「何気ないひと言」にグサッ、軽く扱われてモヤッ……あなたも「些細なこと」で心の波風、立てていませんか？ 感情をうまく整理して、「ムッ」とくる気持ちをこじらせない方法が満載の1冊！ 心理学の「ちょっとしたコツ」で気分は晴れていきます。

面白すぎて時間を忘れる雑草のふしぎ

稲垣栄洋

みちくさ研究家の大学教授が教える雑草たちのしたたか&ユーモラスな暮らしぶり。どんな雑草もボ～ッと生えてるわけじゃない！ ◎「刈られるほど元気」になる奇妙な進化 ◎「上に伸びる」だけが能じゃない ◎甘い蜜、きれいな花には「裏」がある…足元に広がる「知的なたくらみ」

K30631